안도 다다오

건축의 누드작가

차례
Contents

안도, 건축가로서의 첫걸음

쌍둥이 프로 복서에서 건축가로

사람들은 그를 촌뜨기라 한다.
안도는 1941년, 일본의 대중
적인 상업도시 오사카에서 태어
났다.

그는 쌍둥이의 형이었고 외할
머니의 가게에서 어린 시절을 보
냈다. 그는 외할머니의 합리적인
생각이나 자립심 등의 영향을 받
고 자라났다. 그래서 어려서부터

(© C3A–TADAO ANDO).

3

르 꼬르뷔제.
(ⓒ http://home.archi.kyungmin.ac.kr)

스스로 생각하고 판단하고 행동하며 독립심을 기를 수 있었다고 한다.

쌍둥이 동생과 함께 프로 복서 시절을 지냈다.

여느 건축가와는 다르게 대학 교육을 전혀 받지 않고 여행을 통해 건축을 독학한 것이 지금, 그의 학력의 전부이다.

그는 직관적인 생각을 키우고 몸소 건축을 느끼고자 이곳저곳을 돌아다니며 일했다. 그러던 어느 날 근대 건축운동의 기능주의와 대담한 표현주의를 결합한 국제주의 건축의 제1세대인 르 꼬르뷔제에 관한 중고 책을 접하고, 그 책 속의 그림들을 베끼다가 결국은 직접 이 스승을 찾아 나서게 된다. 당시 안도의 나이 24세였고 1965년의 일이었다.

그러나 안타깝게도 그가 시베리아를 지나 핀란드에서 지체한 후 다시 힘든 몸을 이끌고 9월에 파리에 도착했을 즈음, 이미 꼬르뷔제는 그해 8월 27일 로크브륀의 바닷가에서 숨을 거둔 상태였다. 그때를 회상하며 안도는 "그럼에도 불구하고 나는 용기를 잃지 않았다."라고 말한다.

그의 건축적 생각을 읽을 수 있는 것은 어린 시절로부터 시작된다.

　나가야는 좁고 긴 주거지로 그곳에서 체험한 공간은 어린 시절이지만 안도에게 평생의 기억으로 남아 있다. 방과 후 집으로 돌아오는 길에서 바라보았던 목공소, 철공소, 유리가게, 생선가게들, 그리고 오사카 요도 강 물가에서 뛰어 놀던 기억은 훗날 그의 건축설계에서 중요한 역할을 하였다.

　그는 소년기, 집 가까이에 방죽이 있어 고기도 잡고 수영도 하며 자연 속에서 시간 가는 줄 모르게 보냈다. 중학교를 졸업한 후에는 목공소의 목수가 되려고 했지만 주변의 반대로 고등학교에 진학하였다.

　그는 무엇이든 만드는 것을 좋아했다. 근처 철공소, 유리공장, 목공소, 건축자재상점 등 여러 곳을 드나들면서 주물공장에서 직접 목형을 만들기도 하고 쇠를 녹여 붓거나 유리를 불어보기도 하면서 틀에 박힌 생각이 아닌 원리적인 데까지 발상할 수 있게 되었다. 기계과 고졸 출신인 안도에게 건축과 관련하여 실상 학교에서 배운 것은 없었다. 오로지 독학만이 그의 유일한 건축 공부법이었다.

　고교 2학년 봄, 상경하여 도쿄 시내를 돌아다니다가 프랭크 로이드 라이트의 제국호텔을 보고 있을 때 무엇인가 불가사의한 힘에 이끌렸다고 한다. 안도는 그후 호텔이 해체된다고 했을 때 건축의 수명이 짧음을 깊이 생각하고 느끼게 되었다고 한다.

　그는 19세 때 인테리어 일을 시작했고 20세부터 건축을 익혀 나갔다. 고졸이라는 학력을 이겨내기 위해서 책을 읽고 지속적으로 공부하고 또 걸어다니면서 보고 스케치하며 여행하였다. 그는 미켈란젤로, 아돌프 로스, 르 꼬르뷔제, 알바 알토, 루이스 칸 등의 작품과 수많은 고전건축 등을 직접 보고 발로 공부하며 온 몸으로 느끼면서 그 자신만의 세계를 만들어갔다.

건축가로서 시작

그후 1969년, 건축가로서 첫 출발을 하였다. 오사카라는 도시는 일본의 제2항구 도시로 한국의 부산과 비슷하다. 안도는 오사카에서 태어났지만 그의 기억 속의 배경은 오사카뿐만 아니라 교토, 고베까지 포함된다. 상업적 도시인 오사카와, 역사적 도시인 교토, 근대적 도시 고베는 하나의 지역으로 연결되었고, 나라도 가까운 데 있다. 안도는 건축을 시작하기 전부터 이러한 도시들을 잘 알고 있었다.

사무소를 1969년에 시작했지만 작품 「스미요시 연립주택」이 나온 것은 몇 년 후의 일이다.

「스미요시 연립주택」은 콘크리트의 네모난 직사각형 상자 모양으로 하나의 지붕 밑에 두 채에서 여섯 채의 주택이 늘어 있는 연립주택 속에 끼어 있다. 안도는 이 주택으로 일본 건축학회상을 받느냐 못 받느냐 화제가 되기도 했다. 분명 「스미요시 연립주택」은 건축가로서 지금의 그를 있게 한, 화려한 경력이 된 작품임에 틀림없다.

그는 「스미요시 연립주택」으로 일본 건축학회장상을 수상하고 「록고 집합주택」으로 일본 문화디자인상을 수상한다. 그후 핀란드 건축가협회로부터 알바 알토상 금상, 일본 문부성의 순수미술 진흥상, 「록고 교회」로 마이니치 예술상, 「기도사키 주택」으로 요시다 이소야상을 받는다. 또한 프랑스 건축아카데미상과 오사카현으로부터 오사카 예술상, 미국 건축가협회로부터 명예 회원으로 추대를 받는다. 미국 문예아카데미로부터 아놀드 부르너 기념상, 덴마크 칼스버그 건축상과 일본 예술원상, 영국 왕립건축가협회 명예회원과 「치카츠 아스카 역사박물관」으로 일본 예술대상, 프리커츠 건축상, 국제디자인상, 프리미엄 임페리얼상, 독일 건축가협회 명예회원추대, 영국 왕립건축가협회상 등 국내외에서 많은 수상과 각 나라의 명예회원으로 추대되었다.

그는 또한 예일대, 콜럼비아대, 하버드대의 객원교수를 역임하고 지금은 도쿄대학 건축학과 교수로 재직하고 있다.

1997년 가을, 안도는 보수적이기로 유명한 도쿄대학의 공학부 건축학 전공에 설계를 담당하는 교수로 임용되었다. 이일은 안도를 다시 한번 바라보게 하는 일이기도 하다. 물론 도쿄대학에서 실무 건축가를 설계담당 교수로 초빙한 전례가 있었기 때문에 안도를 임용한다는 것이 새삼스러운 일이 아닐

수 있다. 하지만 그들에 비해 안도는 대학조차 안 나온 인물이었고, 그런 그가 교수로 임용된 일은 놀랄 만한 사건이었다.

그 역시도 처음 도쿄대학으로부터 설계 담당 교수 제의를 받았을 때 농담이 아닌가 하고 의심하였다고 한다. 고졸 학력, 오사카에서 도쿄로 상경, 외국에 나가보기 위해 권투선수라는 직업을 선택했던 특별한 이력, 제도권의 건축교육의 경험이 전혀 없는 가운데 혼자 배우고 맞부딪쳐서 익힌 안도만의 건축철학이었다. 이 모든 것이 솔직히 평범한 이력은 아니다. 하지만 이러한 것이 건축작품에는 아무런 문제가 되지 않는다. 오히려 그에겐 큰 도움이 되었다.

지금 도쿄대학의 건축 설계 교육은 변화하고 있다. 안도가 담당한 본격적인 설계수업은 1998년부터 시작되었다. 분명 기존의 잣대로 본다면 안도 다다오는 전혀 도쿄대학과 어울리지 않는 건축가지만, 이제 그에 의해 건축 교육에 변화의 물결이 일고 21세기의 새로운 패러다임을 형성하고 있다.

안도는 도쿄대학의 교수로 임용된 후, TV를 비롯한 매스컴에 소개되었다. 미술 탐방 프로그램에 나와서 그림 이야기를 하고, 초등학교 어린이들에게 일일교사가 되어 자신이 설계한 집을 함께 방문하여 그 집에 대해서 얘기를 나누기도 했다. 이렇듯 안도는 현대 일본사회에서 대중이 가장 많이 아는 건축가일 것이다.

성인잡지 『Playboy』는 50주년 기념호의 기획으로 21세기

에 걸맞은 독신자 집의 설
계를 불세출의 건축가, 프랭
크 게리에게 의뢰하였다. 이
에 대해 동잡지 일본판은 적
임자로 안도 다다오밖에 없
다고 판단, 그에게 동일 컨셉
트의 건축 의뢰를 하였다.

2004년 4월 『Playboy』 일본판 표지.
'남자들이 살고 싶어 하는 꿈의 집'이란 타이틀로
일본판 표지 모델이 되었다. 5월 『맨즈 논노』에도
표지 모델이었다고 한다. 그만큼 안도는 대중이 알
고 좋아하는 건축가이다.

그러나 다들 일본뿐만 아
니라 세계를 무대로 활약하
는 안도가 잡지의 무모한
의뢰를 흥미롭게 받아들일
까 하는 적지 않은 불안을
가지고 있었다.

그러나 그는 모두의 예상을 뒤엎고 "하죠!"라고 수월하게
오케이 사인을 하였다.

얼마 후 사무소에 간 기자들을 기다린 것은 하얀 천에 둘러
싸인 거대한 모형이다. 그 천이 들춰졌을 때 상상을 초월한 아
이디어의 산물에 모두들 놀라워했다.

당시 그는 이렇게 입을 뗐다.

우선 어떤 생각으로 이것을 설계했는지 그 배경을 말하
는 것이 필요하겠습니다. 동경은 지금 굉장한 속도로 초고
층건물이 만들어지고 있습니다. 특히 시나 강 근처 사무실

뿐만 아니라 집합주택도 많습니다. 그러나 거기에 실제로 많은 사람이 살고, 매일 삶을 보내고 있다는 것은 상상하기 힘듭니다. 동경에 갈 때마다 과연 그런 건물에서 인간이 생활하기에 적합한 것일까 하는 의문이 커집니다. 이 현상은 1960년대와 거의 닮았습니다. 1964년에 동경 올림픽이 있을 때 단게 겐죠 선생이 만드신 올림픽경기장을 보고 굉장히 감동한 것을 어제처럼 기억하고 있습니다. 같은 시기에 신칸센도 개통되었습니다. 일본인은 목표를 정하면 이루기 위해 곧장 앞으로 달려갑니다. 그 시대 아케다 내각은 소득증대 계획으로 자기 집 소유 제도를 장려하고 타마뉴타운을 시작으로 이쪽저쪽에 새로운 뉴타운을 건설하였습니다. 그 결과 지금 샐러리맨과 중산층 사람이 교외주택을 사고 녹지 안에서 자연과 함께 쾌적한 생활을 하게 되었는데 이 모두가 정부의 커다란 정책 덕분이었습니다. 이러한 정부의 정책에 대해 정반대의 정책을 내세운 것이 도심주거라고 이야기할 만합니다.

꽉 들어 차 있는 도심에 여유를 주는 건축, 그러한 꿈을 지어주려고 하는 것이 안도의 생각이다.

안도 다다오의 창조력과 생각

안도 다다오는 자신의 건축에 진정한 창조적 의미를 부여하고자 한다. 따라서 그의 건축은 매우 뛰어나며 독창적이다.

그의 작품을 보노라면 생각의 한계가 어디까지인가 궁금할 따름이다. 특히 오사카의 「산토리 박물관」의 건축과정에서 보여준 그의 추진력은 무한하였다. 물의 수도인 오사카에서, 일본 제일의 아름다운 경치를 만들고자 물을 끌어들인 공간을 설계하겠다는 그의 생각, 그리고 시청의 건설과를 설득하여 결국 이루어내는 집념은 오늘날 그가 일본을 대표하는 건축가로서 왜 당연시되는지 읽을 수 있는 대목이다.

오늘날 안도 다다오의 건축을 있게 한 일등공신으로 그만의 독특한 창조적 생각이라고 말할 수 있는 것은 그의 건축물이 우리에게 지금까지 경험하지 못했던 것을 보여주기 때문이다. 다시 말하자면, 안도는 건축을 설계할 때 심도 있게 고민하여 이미 존재한 대상이었으나 무관심 때문에 인식하지 못했던 것을 건축이라는 예술로 승화시켜 확실한 존재의 대상으로 드러내어 보여주기 때문이다.

그러한 창조의 세계가 펼쳐진 안도의 건축에는 깊은 생각의 발자취가 공간마다 새겨져 있으며 그 진동과 여운은 사용자에게 신선함마저 안겨주고 있다.

이러한 안도의 깊은 사고는 그의 사무실 안에도 곳곳이 배어 있다. 항상 그곳에는 새로운 창조를 위해 애쓰는 모습과 긴장감이 넘치며, 끊임없는 노력의 흔적을 느낄 수 있다. 그와 인터뷰를 많이 한 건축가 이영일 씨가 안도의 사무실을 방문했을 때의 에피소드는 이를 단편적으로 말해주고 있다.

안도의 사무실에서는 가끔 스태프들의 정신적 훈련을 위해 시험을 치르는 날이 있다고 한다. 갑자기 호루라기 소리가 울리고 스태프들이 답안을 작성해서 제출할 때까지, 30분간 정적이 흐른다. 시험의 내용은 정해진 면적 내에서, 예를 들면 주택의 새로운 공간을 도면으로 그려내는 것이었다. 이러한 훈련의 목적은 스태프들이 반복되는 일상에 안이해져 새로운 건축 창조를 하는 데 게을러지는 것을 막기 위해서이며, 또한 항상 머릿속에 무엇인가 준비되어 있도록 하기 위한 의도에서 이루어지는 것이라 한다.

안도는 건축 설계시 직원과 1 대 1시스템으로 하나의 일을 진행시켜가는 것이 가장 좋다고 한다. 따라서 한꺼번에 다섯 가지 일을 맡았을 경우 다섯 사람만 있으면 그 일은 어렵지 않게 진행되는 것이다. 1 대 1시스템은 기본설계 단계에서부터 시작하여 실시설계와 공사의 감리, 마지막의 완성 단계, 그 이후의 보수까지 생기는 모든 문제에 대해서 한 사람이 해나가도록 하고 있다.

안도의 설계는 한 가지 일을 의뢰받아 요구조건을 이것저것 경청하면서, 요구조건을 점차 형태화시켜 나간다.

그런 과정 속에서 작품에 대한 애정도 함께 키워간다. 작품들은 요구조건을 중요시해 만들어지는 것이라 할 수 있다. 안도는 건축의 설계란 결국 설계하는 건축가 자신을 뛰어넘을 수 없는 것이라고 한다.

그의 사무소는 조직화나 근대화라는 것에 등을 돌리고 있으며, 이른바 수작업(手作業)의 범위를 넘지 않는 장인의 일이라고도 할 만한 진행방법을 취하고 있다. 따라서 자신의 눈이 미치는 범위에서 하고 싶은 일만 해야 한다고 한다.

그의 건축에 있어서 형태란 존재가 아니라 인간의 신체 감각에 의한 공간의 체험으로서 전개되기 때문에 공간의 체험을 표현하는 공간적 형식으로 건축에 접근하는 과정으로 말할 수 있다.

안도는 항상 건축에의 접근을 최단거리 동선으로부터 멀리 회유시키고 있는데, 이것은 다음에 전개되는 과정에 의해 자연과의 관계를 강조하는 것이다.

사람들은 이러한 과정 속에서 풍경을 단편적 내지는 연속적으로 체험하게 된다. 이러한 표현에 의해 안도는 감동을 주는 건축을 만들며 창조적 건축에의 의지를 키워가고 있다.

그는 완성된 결과물로의 건축보다 건축이 만들어지는 과정에서 생명을 어떻게 얻게 되는지에 대해 말하고 싶어한다. 여기에는 실제로 공사하는 과정도 포함되지만, 그 이전에 아이디어를 끄집어내는 과정이 포함된다.

그것은 민족이나 역사·지역성·기후·풍토 등에 대한 깊이 있는 고찰을 통하여 이뤄질 수 있다. 즉, 건축은 문화이기 때문에 자신이 살아갈 장소를 신중히 생각하며 만들어가야 한다고 그는 생각한다.

안도의 건축을 문화적인 측면에서 바라보면 그에게 있어서 공간이란 자연에 대한 이성의 상징이다. 즉, 건축은 자연의 생성물이 아닌 인간의 의지 표현이라는 것이다. 다시 말하면 사람에게 자극을 주어 건축과 인간과의 싸움을 일으키는 것이다. 이는 주거공간의 획일화에 대한 저항으로 현대의 장소성의 상실로 인한 문제점을 극복하기 위한 것인데 이의 한 해결 방안으로 대지의 특징 내지는 대지가 가지고 있는 힘을 최대한 살려주고 장소성을 살려주어 편한 건축을 추구하는 것이다. 즉, 건축과 인간이 함께 하기를 안도는 바라고 있다.

균질화된 시대의 건축이란 일반적으로 건축가가 일을 하는 경우, 지식을 기술화하고 그것을 컨트롤하면서 표현해 나가는 경우가 많다.

하지만 안도의 경우는 몸과 감성이 자신을 이끄는 쪽을 향해 무의식적으로 가게 된다고 한다. 따라서 건축을 창작하고 있을 때는 매우 감각적이 되며 그와 동시에 사회와 자신과의 관계가 깊어져서 항상 문제의식이라는 것이 생기게 된다.

단순히 지식만으로 창작을 하는 것이 아니다. 자신의 마음이 향하는 대로, 정직하게 만들고 싶은 그런 기분으로 지금도 일하고 있다. 그런데 그것이 사회와 부딪치게 된다.

이 시대가 획일적이고 똑같아지고 있는 것은 사실이며 교육도 생활도 유형화되고 있다. 효율이나 기능면에서 매우 양질의 로봇과 같은 인간이 가득 등장한 것 같아서, 그 나름의 시스템이 완성되어 있는 셈이다. 그러나 그 사람들이 어떠한 테마 아래서 무엇에 구애받고 있는가 생각하면 개인의 의견이나 표현이라는 것이 애매하다.

미를 창조하는 시인

안도 다다오는 지금까지 한 점을 응시하면서 일을 계속 해왔다. 일본 각지를 여행할 때 만나게 되는 그의 건축물! 마을의 혼잡 속에서, 때로는 위풍당당하게 때로는 조심스럽게 외따로 떨어져 있는 그의 건축물을 볼 때면 감개가 무량하다.

그의 건축물은 주변에 늘어서 있는 떠들썩한 집들로부터 떨어져 고독하게 안도라는 한 인간의 강한 의지로 발언을 억제한 채 조용히 무엇인가를 계속 기다리고 있는 것처럼 보인다. 여유도 없이 쉬지 않고 계속 소비만 강조하는 현대사회의 모퉁이에서, 한 인간은 건축을 통해 조심스럽게 그러한 현상에 저항하고 있는 것이다.

이것은 단지 볼거리를 만들어 건축학적 성과를 높이려고 하는 것이 아니다. 목이 쉬었지만 탁하지 않은 낮은 목소리로, 그러나 확신에 가득 찬 목소리로 중얼거리는 안도, 그만의 방식인 것이다.

그러한 그의 모습은 건축가로서 독특한 경력과 풍모나 매력적인 말투와 함께 전설적인 에피소드를 낳고 일반에 유포된다. 건축주에 대한 강한 설득, 군대식으로 조직된 사무소, 그리고 정밀하고 아름다운 엄청난 양의 도면, 시공자에 대한 엄격한 지시, 젊은 사무소 직원들의 연수를 겸하는 건물의 정기적인 보수 등은 사회적인 생산물로서 새로 만들어지는 건축을 깊게 계속 찾아내게 만든다. 이러한 사실은 사물과 인간을 단절시키지 않고 강인하게 조직·통제해 나가는, 시스템 인간의 측면을 확대하여 강조하게 된다.

그러나 이러한 강인함의 뒷면을 받치고 있는 것은 극히 섬세한 감수성이며 인간적인 풍부한 교양임을 건축작품은 자연스럽게 말해주고 있다.

안도는 때로 역사적인 건축이 화제가 되었을 때에도 "나는 단지 멍청하게 보고 있을 뿐이니까."라고 겸손하게 말한다. 그러나 안도만큼 젊었을 때부터 열정을 바쳐 자기의 피와 살로 건축물을 만들어온 건축가는 그렇게 많지 않을 것이다. 즉, 이러한 사회에 대해 태세가 견고한 껍질의 안쪽에 건축에 관해 가장 까다로운 한 사람의 비평가가 살고 있는 것은 분명하다.

'강인함'은 건물이 현실의 사회적 규제나 경제, 기술적인 조건과 싸우면서, 의지를 바탕으로 힘차게 지어지기 위해 필요한 요소이며, '섬세함' 또한 건물이 건축되기 위해 불가결한 조건이다.

건축가는 현대에서 특히 모순된 이런 두 성향을 하나의 인격 속에 공존시키고 있다. 즉, 사물과 인간을 끊임없이 통제하는 시스템 인간이고 동시에 마음이 풍요로운 시인이라는 점이다. 현대 건축에서 안도를 가장 주목하는 이유로 시스템 인간과 내면의 시인과의 중간쯤에 하나의 명확한 '건축형식'을 끼워 넣어 그것을 현실에 대한 실험체로서 끊임없이 제시하려고 하는 점을 드는 것도 이런 까닭이다.

그의 이러한 일련의 실험은 지금까지 만든 간소하면서도 아름다운 건축물 하나하나의 가치를 증대시켜서 더욱 깊은 의미를 자아내고 있다. 그는 그런 형식을 믿고 거기에 승부를 걸음으로써 시대의 현실을 표현하려고 했고, 또 현대를 살아가는 자신의 인간으로의 감성과 정신이라는 내적인 진실에도 답하려고 했다.

그래서일까. 그는 콘크리트마저도 사람의 움직임, 사람의 자취가 느껴지도록 인간으로서의 지혜와 감성을 담으려 하였다. 근대적인 재료인 콘크리트를 사용하여 그것을 마치 종잇장을 대하듯 조심스럽게 다루면서 폭넓은 조형성을 표현했다. 그동안 안도 자신이 끊임없이 추구해왔던 것, 즉 인간의 정신을 일깨우고 자극할 수 있을 만큼의 강렬함을 그 속에 스며들게 하는 것이었다.

이런 그의 형식이 이제는 안도식이라고 불리는 콘크리트 건축에서 하나의 양식으로 나타났으며, 자연과 건축의 혼화를 통한 침묵의 건축을 만들었다.

"삶에 위엄을 주기 위해서는 질서를 필요로 한다."는 안도의 말처럼 절제된 재료의 물성과 기하학적 표현은 동양사상과 서양사상의 가치를 적절히 담아내려고 노력한 안도의 건축물에 잘 드러나 있다.

인간을 감동시키는 휴머니즘

안도의 건축이 엄격한 기하학 형식에 따라 구성되는 작업이란 것은 다시 강조할 필요도 없을 것이다. 이 점에 있어서 안도는 가장 합리주의적인 성향을 갖는 현대 건축가라 할 수 있을 것이다.

그러나 안도가 특별한 것은 이러한 기하학 구성을 사용하면서 인간을 위한 공간, 인간생활을 위한 장, 공공적 성격이 강한 공간을 창조하는 안도만의 작품성향 때문이다. 합리주의(Rationalism)는 종종 인간을 무시한 형식, 단순한 형태 유희를 넘어서지 못한다는 위험을 내포하고 있지만 안도는 이러한 합리주의의 한계를 극복하려고 한다.

안도는 극도의 합리주의자(Rationalist)이나 동시에 인간주의자(Humanist)이기도 하다. 그런데 인간주의자라 하면 현대에서는 후하고 친절한 이미지를 주기 쉽지만 안도의 인간주의는 엄격하고 또한 깊은 인상을 준다.

르네상스의 예술가들은 기하학이나 비례라는 형식을 인간 혹은 인체를 통해 만들어내고, 풀어가려고 했다. 안도는 그러한 기하학과 인간과의 통합, 추상적 형태와 인간의 감성과의 교감을 건축을 통해 현대의 인간생활에 맞게 재생하고 있다.

"나는 프레임이나 혹은 대칭적인 구성이라는 기하학적 정합성과 생활의 엇갈림 속에서 건축을 통해 조금이라도 생활의 방향을 잡을 수 있다는 오만한 생각을 가지고 있다. 즉, 정합성이 높은 기하학적 규율과 인간의 일상생활의 엇갈림에 서로를 교차시킴으로써 신선한 공기가 생기는 것이 아닌지, 여기에 하나의 건축적인 아이덴티티가 명확히 드러나는 것은 아닌지 생각하고 있다."(『건축이란』, 「도발하는 상자」 중)고 안도 자신이 말한 것처럼 그는 추상도가 높은 기하학적 형식을 채용하면서도 그것이 인간생활에 미치는 효과, 인간에게 주는 신선한 감동을 절대로 잊어서는 안 된다고 말한다.

흥미로운 것은 안도가 주택작품에 있어서 엄격한 기하학 형식을 사용하면서도 어딘지 모르게 엇갈림의 공간을 마련하고 있다는 것이다.

예를 들면 대표적 주택작품의 하나인 「코시노 주택」에서 볼 수 있는 것처럼 부지 주위의 벽과 중앙의 큐빅 형태의 기하학적인 공간 사이에 만들어지는 공간이 이러한 엇갈림의 하나이다. 이 엇갈림은 이른바, 기하학 형식의 규율과 인간생활과의 부딪침을 조정하기 위해 존재하고 있다. 안도는 기하학에 의해 인간의 생활과 행위에 질서를 부여하지만 이것들을 얽어매서 속박하려고 하지 않는다.

이러한 추상적 기하학 형식과 생생한 인간의 행위와의 통합이라는 생각은 주택 이 외의 다른 기능을 가진 시설에도 적용되고, 이것은 안도만의 중요한 원칙 중의 하나가 되었다.

또 다른 예로 안도의 대규모 건축의 출발점의 하나가 된 아트-갤러리-콤플렉스 계획안은 현대미술갤러리, 소극장, 오피스 등의 복합시설로 되어 있다. 여기서는 세 종류의 프레임과 유리 블록의 곡면 벽을 모티프로 한 기하학 구성에 의해 인간의 행위에 질서를 부여하려는 의도가 담겨 있는 동시에 인간의 행동에 자유로움을 주기 위한 엇갈린 느슨한 관계도 내포되어 있다.

안도의 이러한 의도는 근작 「라이카 본사 빌딩」에서 유감없이 표현되었다. 이 거대하고, 독특한 오피스 빌딩에서 기하학적으로 구성된 실린더, 그리드, 벽은 각각의 질서가 잡혀 있다. 이러한 배열을 통해 다른 쪽에서 그러한 기하학적 공간 속에 만들어지는 사이공간, 옥상정원, 트여 있는 완만한 공간 등이 건축 내부로 빛과 녹지를 끌어들여 인간의 일터로 알맞은 창조적인 장을 형성하는 것이다.

「나카노지마 프로젝트Ⅱ」의 지하층 공간에서는 삼각형, 원, 정사각형이라는 근원적인 기하학을 모티프로 하여 압도적인 원형 공간이 제안되고 있다. 이러한 기하학적인 원형 공간은 인간의 감성을 흔들어주는 데 충분한 힘을 갖게 된다. 여기에 숭고한 빛이 들어오는 광경은 인간에게 감동을 안겨줄 것이다.

현대적 감성이 지금까지의 어떤 시대보다도 예민하다는 것은 의심할 여지가 없다. 그러나 현대적 감성은 일상생활 속에서 너무나 많은 자극에 노출되었기 때문에 자칫 무감각해질 수 있는데, 이러한 감성을 깨우기 위해서는 근원적인 감동을 주는 것이 중요하다. 그런 의미에서 「나카노지마 프로젝트Ⅱ」의 지하층 공간은 추상적인 기하학으로 인간을 감동시키는 힘도 함께 갖추고 있다.

안도, 그의 건축언어

물, 바람, 빛, 소리, 자연이 건물 안으로

「스미요시 연립주택」. 이 집은 주변의 기와집들 사이에 끼워져 있는 초라해 보이는 콘크리트로, 중간에 직사각형의 어두운 구멍이 문이다.
(ⓒ C3A–TADAO ANDO)

1976년에 지은 첫 번째 출세작인 스미요시가의 스미요시 연립주택은 정면 두 칸과 측면 여덟 칸으로 구성된 매우 좁은 집이다. 이 집은 주변의 기와집들 사이에 끼워져 있고 초라해 보이는 콘크리트 건물로 중간에 있는 직사각형의 어두운 구멍이 문이다. 「스미요시 연립주택」의 사용자는 자신이 처한 상황에 따라 바람과 빛의 감촉, 그리고 시시각각으로 변하는 자연의 양상을 즐길 수 있다. 하지만 비가 오면 방에서 방으로 이동할 때 우산을 쓰고 나가야 한다. 이 것만 봤을 때는 '말도 안 되는 집이'라는 편견을 가질 수 있다. 그러나 이 집에 사는 사람은 에어컨이 필요 없이 빛과 바람만으로 생활을 다양하게 연출할 수 있다고 한다.

「스미요시 연립주택」. 자신이 처한 상황에 따라 바람과 빛의 감촉, 그리고 시시각각으로 변하는 자연의 양상을 즐길 수 있다.
(ⓒ C3A–TADAO ANDO)

이 집에서 안도는 빠듯한 공간을 창조적 정신과 결부시키면서 자연과 더불어 다양하게 변화하는 생활공간을 마련하는 데 의미를 두었다. 그는 이 주택을 설계하면서 도시의 좁은 공간 속에 풍요로우면서도 거대한 우주를 만들고자 하였다. 어쩌면 쓸모없는 공간을 모두 없애서 풍요로운 집을 짓는다는 것이 그를 주목하게 했는지도 모른다.

물

물은 안도가 그의 건축에 담고 있는 중요한 자연의 요소이다. 건물 속에서의 물은 바라보는 대상, 넘을 수 없는 경계의 벽에 발을 담그고 체험할 수 있는 도구로 사용된다.

물은 외부로부터 진입할 때 물소리와 함께 움직임이 연출되기도 하지만, 정지되면 안정되고 고즈넉한 풍경이다. 그런데 안도의 물은 바다를 배경으로 하기도 하고, 도시를 가로질러 흐르는 별로 깨끗하지 않은 물이기도 하다. 또한 그는 물을 가두어 연못을 만들기도 하며 폭포처럼 소리를 내어 떨어뜨리기도 한다. 물위에 십자가를 놓아 신성한 곳으로 만들기도 하며 아예 물길을 지나며 자연을 다스리는 인간을 나타내기도 한다. 이처럼 안도는 물을 바라보기도 하고 흘리기도 하며 떨어뜨리고 가두기도 한다.

안도는 물을 어떠한 방법으로든지 이용하여 배경으로 사용하는 재주를 가졌다고 할 수 있다. 안도는 때때로 건축 속에 '물'을 인위적으로 단속된 고인물이라기보다 쉴 새 없이 변화하는 자연의 속성을 담은 물을 담아낸다. 이를 '흐르듯 흐르지 않는'이라고 표현한다.

또한 물은 영역을 표시하기도 하고 건축물의 독자성을 확보해주는 역할도 한다. 좀더 쉽게 얘기하자면 일본의 성 외곽에 있는 물은 건축물과 주변과의 대립적 양상이 두드러지는데 반하여 안도의 물은 건축물과 주변 상황과의 관계가 대립적으로 존재하지 않는다. 그는 주로 얕은 물을 사용하고 조용히 흐르는 물을 구현시키며 건축적으로는 사용자가 목적하는 공간에 도달하기 전의 과정적 부분으로 건축물과 주변상황을

「물의 교회」. 이곳은 자연이 교감하여 시각만
이 아니라 오감에 호소하는 건축인 것이다.
(ⓒ C3A-TADAO ANDO)

단속하는 역할을 한다.

안도의 「물의 교회」는 홋카이도[北海道]의 평원에 위치하
고 있으며 이 부근의 흐르는 개울에서 물을 끌어들여 인공호
수를 만들었다. 이 교회를 통하여 안도는 '물'이라고 하는 자
연이 어떻게 건축이나 사람과 관계를 맺게 되는지 생각하게
되었다고 한다.

전체는 한 변이 인공호수에 면하여 배치되어 있다. 또한 이
것들을 둘러싸듯이 자립한 벽이 L자형으로 세워져 있다. 건물
의 뒤쪽을 돌면서 긴 벽을 따라 접근하게 된다. 여기에서는 물
소리는 들리지만 물이 보이지 않아 사람들의 기대감은 높아간
다. 벽을 지나 180도 반전하면 눈앞에 수면이 전개된다. 「물
의 교회」는 물과 바람소리, 새 울음소리 등을 들으면서 예배

를 드릴 수 있는 밖과 같은 안의 기능을 한다. 이곳은 자연과 교감할 수 있는 시각만이 아니라 오감에 호소하는 건축인 것이다.

두 개의 건물, 「타임즈」는 물이 중심이 된다

　「타임즈 I」은 1층을 거의 수면의 높이와 같이 하여 흐르는 물과 교감하게 만든 산책로이다. 1/6원이 그리는 작은 광장을 강에 면하게 하고 있다. 도로와 연결되는 2층은 골목길이

「타임즈」는 다카세 강에 걸린 다리 옆의 한 구석을 차지하고 있다.(ⓒ http://easthoon.home.uos.ac.kr)

직방체의 주위를 돌며 테라스를 지나 내부로 들어가게 된다. 또한 마치 어두운 복도와 좁은 계단이 미로와 같은 복잡함을 주기도 한다. 하나하나가 독립된 점포 사이를 둘러 걸어갈 때 돌연히 개방된 하늘과 만나며 수면을 다양한 각도에서 볼 수 있다.

　「타임즈 II」에서도 이러한 강과 사람과의 관계가 더욱 명료하게 나타나 있으며 특히 건물을 걷다 보면 출발점으로 다시 돌아오게 된다.

「명화의 정원」.
(ⓒ http://easthoon.home.uos.ac.kr)

「명화의 정원」은 교토의 키타야마 식물원에 인접한 대지에 지어진 것으로 빛과 바람, 물 등 자연과 접하면서 세계의 명화를 감상할 수 있는 옥외 미술관이다.

여느 미술관과는 다르게 밖에서 그림을 감상할 수 있는 곳이다. 안도의 생각인 '진행의 연속성'의 내용이 반영되어 있으며 그러한 외부공간의 연속성이 건축 전체를 구성하고 있다. 미술관의 옆을 지나면 매표소밖에 볼 수 없다. 왜냐하면 주위의 풍경을 방해하지 않도록 모든 요소를 땅속에 묻어버렸기 때문이다.

이 정원은 물이 흘러내리는 작은 폭포식으로 되어 있고 그림의 조명은 햇빛이다. 이러한 공간 속에 다리, 테라스, 경사로가 겹겹이 구성되어 진입구를 통과하여 걷다 보면 어느새 지하층에 도달하게 된다. 이곳의 구조물 사이로 보이는 명화의 도판들은 마치 물에 씻겨 내려가지 않을까 하는 우려를 자아낸다.

빛

안도는 빛의 연출자이기도 하다. 작은 틈으로 나오는 강한 빛으로 십자가를 만들어 하나님의 메시지를 전하려고 하는 것 같다. 하늘에 액자틀을 두어 구름을 가두기도 하고 변화하는 그림을 계속 만들어내기도 한다.

빛은 다양한 성질과 표정을 가지고 있으며 시간의 경과에 따라 표정을 바꾼다.

「아와지 꿈의 무대」. 하늘에 액자틀을 두어 구름을 가두기도 하고 변화하는 그림을 계속 만들어내기도 한다.(ⓒ新建築社-Tadao Ando / Awajiyumebutai)

안도는 어두운 집에 사는데 어둠은 밝음과 함께 존재하며 그는 거기서 안정감을 느낀다고 한다. 안도는 자신이 살고 있는 집에서 느낀 어둠과 밝음의 대비를 통한 공간을 최대한으로 보여주기 위해, 빛을 이용한다. 빛에 의해 표현되는 음영의 효과를 중요시하여 흐르고 스미는 빛의 본래의 특성을 그대로 담아내려고 노력한다.

안도의 건축에서 '빛'은 자연의 가장 확실한 현상이다. 즉, 콘크리트가 만들어내는 차갑고 조용한 공간의 벽에 빛이 비치면서 재료 자체를 초월한 부드러우면서도 투명한 상황을 연출한다.

안도는 편리함 이상으로 자연과의 접촉을 중요하게 생각한다. 생활과 자연을 재인식하고 빛으로 내부를 연출하기도 했다. 건물의 일부를 땅속에 묻음으로써 생기는 지하공간을 즐겨 만든다. 이는 풍경을 건물 속으로 끌어들여 자연과 건물이 일체화된 장소를 만들려는 의도다.

건물 안의 정원

안도에게 있어서 자연은 자연 본연의 모습보다는 '텅 빔'으로 나타난다. 그는 자신의 건축물이 소비적 이미지로 환원되는 것을 피하기 위해서 외관보다는 경험에 근거하여 작업한다. 안도의 모든 주택 작품에는 아무리

「코시노 주택」.(ⓒ건축용도별현대건축01 박물관건축)

작은 주택일지라도 중정(中庭, 집안의 안채와 바깥채 사이에 있는 뜰)이 발견되는데, 이 중정은 자연의 환유물이며 바람, 비, 눈, 그리고 '윤곽 속의 하늘'과 같은 형태 속에서 자극적 요소를 도입하게 된다.

「코시노 주택」은 콘크리트 상자를 땅속에 묻어 일본의 回

정원과 비슷한 형태로 배치하였다. 내부는 입체적이고 추상적인 공간이 전개되었다.

또한 「나오시마 현대미술관」은 현대의 문화적인 궁전을 만들려는 의도로 땅속에 묻어놓은 상자 위에 정원을 만들었다. 에도 시대에 만들어진 回정원이 아닌 현대적·입체적인 回정원을 만든 것이다. 그 속에 나타나는 원형과 타원이 변해가면서 달라지는 자연으로 공간을 만들어서 추상화된 세계를 엿볼 수 있도록 하였다.

꼭 그 땅이어야만 하는 이유

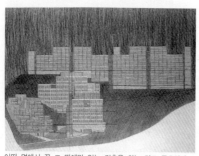

어떤 면에서 꼭 그 땅에만 있는 건축을 하는 것도 중요하다.
(ⓒ C3A-TADAO ANDO)

지역에 대응한 건축의 이상적인 자세를 생각해볼 필요가 있다. 이것은 그 지역이나 장소에 뿌리를 박고 그 지역사람이나 그 지역의 문화적 환경을 구체적으로 드러내서, 어떤 면에서 꼭 그 땅에만 있는 건축을 시도하는 것이 중요하기 때문이다.

옛날에 일본사람들은 대지나 주변을 둘러싸고 있는 자연적인 현상과 아주 가까이 살았다. 그들은 바로 그 장소의 지질학적인 특성이나 기후, 역사적 성격 등에 밀착해서 살았고, 또 그것을 아주 민감하게 느끼면서 살았다. 이것은 많은 세대를 거치면서 하나의 장소가 재해석되고 강화되어온 방식에 있어서 핵심적인 인자들일 것이다. 하나의 대지는 그 자체로 물리적이고 지리적인 특성을 가지고 있으며, 동시에 그것은 그 위에 각인되어 있는 여러 층의 기억을 가지게 된다.

안도는 언제나 주어진 장소로부터 속삭이는 듯한 그 목소리에 귀를 기울이며, 대지에 관여하고 있는 힘과의 교감을 생각한다. 그것은 눈으로 볼 수 있는 특성뿐 아니라 그 지방의 지역성과 인간 존재 사이에 이루어지는 상호작용과 관련된 눈에 보이지 않는 기억일 수도 있다. 안도의 건물은 그 정신을 다음 세대에 전해주려고 노력하고 있다.

예를 들어 나오시마(Naoshima) 섬의 미나미데라(Minamidera)를 위한 대지는 오래 된 연립주택들 가까이에 위치해 있는데 한때는 그곳에 절이 있었고, 새로운 건물을 창조함으로써 사람들이 되살리기를 원하고 있는 독특한 도시의 기억과 강한 정신을 담고 있다.

오늘날 만들어지는 대부분의 환경은 그 땅으로부터 자연스레 발산되는 독특함이 결여되어 있다. 이에 대해 안도는 그 건축이 서 있는 장소의 의미를 찾고자 노력한다. 이 점에 대해 그는 다음과 같이 논한다.

건물을 지을 자리로서의 땅은 자연이 지닌 고유의 논리로 판단되고 건축 또한 고유의 논리를 지니고 있다고 나에게는 느껴진다. 건축대지는 늘 인간에게 끊임없이 부르짖고 있다. 자기에게 가장 알맞은 건축을 바라는 그 부르짖음은 그것을 들으려고 귀 기울이는 자에게만 들리게 될 것이다. 이렇게 대지의 요구에 어떻게 호응할 것인가가 바로 건축이라는 행위일 것이다.

이는 지형뿐만 아니라 그 지역의 사람과 문화적 환경 등을 반영하여 건축을 해야 한다는 것이 장소성에 대한 안도의 생각이다. 실제로 장소성을 읽어내는 그의 시각은 탁월하며 대다수의 작품에 구체적으로 표출되어 있다. 때때로 그것은 단지 자연스러운 조화만을 의미하지는 않는다. 하나의 대립과 갈등으로 시작하여 건축을 고유의 장으로 만든다. 주변과 고유의 관계를 유지하면서 하나의 닫힌 영역으로의 성격을 갖게 하는 것이다.

안도 건축의 최종 목적은 인간의 생활공간을 조금이라도 개선시키고자 하는 것이다. 그가 보는 건축의 본질은 단순한 형태의 조직이 아니라 공간의 구축이다. 이것을 위한 기본적 토대가 바로 대지와의 갈등에서 대지가 지닌 고유의 논리를 끌어내어 표출시키는 것이다. 그는 건축의 시작을 땅과의 갈등에서 보고 부지는 자연이 지닌 고유의 논리로 판단한다.

그는 장소의 부르짖음에 귀를 기울이고 그의 건축이 그것에 호응하기를 희망한다. 이러한 부르짖음에 호응하여 안도의 해답으로 표출되어진 것이 「바람의 교회」, 「물의 교회」, 「물의 절」, 「빛의 교회」 등이다.

건축은 단순한 형태의 작업이 아니라 우리 감각의 근원이 되는 힘을 표현하는 것이라고 할 수 있다. 건축은 보이는 것을 그대로 표현하지 않는다. 보이지 않는 것을 공간체험을 통해 우리가 느낄 수 있도록 하는 매우 추상적인 작업이다. 여기에는 발상의 이미지에서 완성에 이르기까지의 과정이 내재되어 건축가의 사고가 작품의 독자성과 일치되는지 그 근거가 되고 있다.

안도는 깊고 넓은 사고가 내재된 작품에 대해 두 가지 방법에서 논리 전개의 적합한 개념을 찾는다. 그것은 단순한 구실이나 안이한 유행에 의한 것이 아니라 이론적인 정당화가 수반된다.

하나는 안도가 오랜 시간을 걸쳐 추구해온 '건축의 본질'이며, 또 하나는 근대 이후 시대적 가치관이 요구한 '새로운 패러다임'이다.

이러한 명제는 독립적이지만 충돌적 조화를 이룬다. 이때 자연적 흐름으로 양자를 맺어주는 공통의 개념으로 떠오르는 것이 '장소'이다. 이러한 장소의 개념은 지금까지 수없이 다뤄진 안도의 건축을 보다 정확하고 심도 있게 이해할 수 있도록 도와준다.

안도는 지금까지 일종의 유행 같은 조류에 반한, 새로움을 나타내는 '건축의 본질'을 추구했다. 여기서 말하는 새로움이란 물리적이면서 형태적인 것이 아니라 내적인 이미지의 질과 관련된 자극과 긴장감이다.

이러한 특징은 근대건축을 바라보는 비판적인 그의 태도에도 나타나 있다. 안도는 근대건축의 모든 것을 계승 또는 부정하기보다 문제의 진단과 해결을 하나로 생각하는 치료적인 방법을 택했다. 그 결과 근대건축의 초기에 엿보이던 창조적 정신은 '건축의 본질'에 닿아 있다고 치부했지만 근대주의의 보편적인 가치관이 지향하는 '균질성'에 대해서는 철저하게 저항하는 자세를 취해왔다. 왜냐하면 이러한 균질성은 건축이 풍요로운 생활 패턴에 흡수되면서 미의 개념을 좁은 틀에 가두어버려 살아 있는 건축의 창조를 난해하게 만들었기 때문이다.

근대의 도시와 건축은 그 구성과 표현면에서 이러한 균질화를 강조한 나머지 그 차이에 의해 나타나는 의미의 개별성 내지는 아이덴티티를 상실한 것이다. 여기서 문제가 되는 기본적인 개념은 기능적인 정합성, 그리고 기술적인 생산의 효율성과 관련된 '공간'에 관한 것이다.

인간의 존재가 배제된 중성적이며 획일적인 공간을 보편적으로 적용한 결과, 환경의 질적인 문제가 도외시된 채 구체적인 생활과 문화가 지닌 의미와는 동떨어진 '장소의 상실'을 초래했다. 이러한 이유로부터 공간은 점차 지역성의 개념에 의해 보편적으로 보충되어간다. 즉, 지역적 특성이 지닌 의미와 가치가 건축의 논리로서 더해진 것이다.

그러나 지역성은 상업주의나 즉물적 보호주의가 널리 확대
되면서 안이하게 전통양식을 모방하는 건축의 만연과 몰장소
의 문제를 초래하였다. 이러한 잘못된 지역주의의 위장은 새
로운 환경의 창조를 마비시키며 지역을 변화가 없는 폐쇄적인
것으로 만들어버렸다. 이러한 장소의 상실과 몰장소의 경향에
서 알 수 있듯이 '장소론'의 출발은 인간과 환경의 균형이 무
너지고 있다는 것을 배경으로 하고 있다. 그러한 상황에서 파
생하는 모든 문제에 대한 의문과 그 근거로서의 장소는 근대
주의에 결여되어 있던 새로운 패러다임이며 건축의 본질적인
의미와 가치를 반영하고 있다.

건축의 누드작가

사람의 벌거벗은 몸을 그리거나 사진을 찍는 예술가를 누
드작가라고 한다. 그런 의미에서 안도는 건물을 가리는 것 없
이 재료 자체를 드러나도록 만드는 건축의 누드작가라고 할
수 있다.

콘크리트를 그대로 건물의 외피로 사용하는 것을 '노출 콘
크리트'라고 한다. 콘크리트는 그 구조적 성능을 뛰어넘어 '콘
크리트' 자체를 마감재로 인정한다. 노출 콘크리트는 모든 색
채를 받아들이지만 자신의 특성을 변화시키지 않는 투과력을
갖고 있고 모든 건축적 언어를 자유롭게 변화시키는 가변성을

「물의 교회」. 안도는 건물을 가리는 것 없이 재료 자체를 드러내도록 만드는 건축의 누드작가라고 할 수 있다.(ⓒ C3A-TADAO ANDO)

내포하고 있다.

안도는 콘크리트 상자를 단지 물리적 존재로 생각하지 않고 이것을 이용해 생활과 자연의 관계를 재인식하는 정신적 건축을 추구한다.

안도는 건축의 본질을 빛과의 관계에서 파악하였다. 무기적인 소재로서의 콘크리트가 만들어내는 차갑고 조용한 공간은 빛이 흘러 들어와 벽에 비치면서 소재 자체를 초월한 부드러우면서 투명한 공간으로 변화시킨다. 벽은 실체로서보다는 둘러싸인 공간을 통해 건축의 본질을 표현한다.

안도가 제일 처음 콘크리트를 사용하게 된 것은 적은 건축 비용을 들여 큰 공간을 자유롭게 만들 수 있다는 매력과 노출 콘크리트가 일본의 전통건축이 보여주는 단순성을 가장 잘 표현하는 재료라고 생각했기 때문이다.

안도는 건축공간을 형성하는 소재에 의해 자기 자신이 드러나기보다는 자연을 그대로 받아들이고 자연의 소재가 만들어낸 무색의 공간에 인간이 존재함으로써 창출되는 아름다움이 건축공간에 생명을 부여한다고 생각하였다. 그리고 이러한 건축공간을 형성하기 위한 가장 적합한 건축소재로 안도는 노출 콘크리트를 이용한 것이다.

건축과 소재의 관계에서 건축가의 사상적 특성이 직접적으로 나타난다. 안도는 콘크리트의 이미지가 강하다. 과거 콘크리트는 18세기까지 고대 로마의 판테온 등에서 보이는 전통적 건조물의 접착제로밖에 사용되지 않았다. 그것이 18세기 산업혁명 이후 급속히 발전되고, 포틀랜드 시멘트가 나오기까지 꽤 많은 시간이 걸렸다. 20세기에 콘크리트는 건축에서 가장 큰 가능성을 부여한 재료이다.

건축에 있어 풍요로운 공간을 만들고자 할 때 손쉬운 재료보다 가장 중요한 것은 무엇인가. 그것은 바로 경제적인 문제를 포함하여, 콘크리트와 철을 얼마나 자유롭게 다룰 수 있는가이다. 안도는 대체로 콘크리트와 유리, 철 등 한정된 소재를 이용해 작업해왔다. 일반적으로 소재가 한정되면 건축에 있어 표현은 부자유스럽다. 그럼에도 불구하고 19세기까지의 건축과 비교하면 20세기의 건축은 표현의 자유를 획득했다고 할 수 있다. 어쨌든 안도는 콘크리트가 풍요로운 건축적 공간을 만드는 소재로 자리매김될 수 있도록 그 방법에 대하여 줄곧 생각해왔다.

안도는 르 꼬르뷔제의 「롱샹 교회」나 제임스 스털링의 작품에 이어지는 브루탈리즘(brutalism, 구조와 재료의 미학성 강조)의 건축이 하나의 강력한 힘을 발휘하던 1960년대 이후 공간을 좀더 의식할 수 있도록 콘크리트를 사용하는 방법을 연구했다. 조형이 아닌 공간을 생각하고 형태를 의식하지 않는 건축을 만들고자 했다. 논리가 투명하지 않으면 조형력이 아무리 우수하다 하더라도 건축은 불분명해진다. 조형력은 개인의 표현력에 바탕을 둔다. 안도는 개인의 표현력이 아니라 투명한 논리에 입각하여 완성되는 건축에 대해 생각하였다.

안도는 노출 콘크리리트를 만들게 된 이유를 다음과 같이 말한다.

일본인은 주거공간에 있어 나무와 종이의 문화 속에 오래 살아왔기 때문에 그로 인해 섬세한 감정이 몸에 배어 있다. 그래서 일본인에게는 콘크리트가 맞지 않을 것이라고 생각했다. 나는 섬세한 콘크리트를 만들기 위해 재료의 혼합비율을 실험했으며 거푸집으로부터 콘크리트 타설까지 나름대로 새로운 방책을 세웠다.

콘크리트 마감에 관한 한 지금은 일본 어디를 가더라도 깨끗한 노출 콘크리트를 칠 수 있는데 이러한 시공의 기술에는 안도가 큰 공헌을 했다고 본다.

그의 건축관은 자연과의 친화를 콘크리트라는 재료에 의해 은유적인 수법을 사용하여 현대의 도시성을 회복하고, 나아가 근대건축의 진정한 의미를 찾는 것이다.

또한 콘크리트 타설 기술과 용접에 의한 철물공사, 그리고 간결하고 단순한 창호의 표현은 일본목수의 전통인 '축조'의 세련됨을 통해 문화의 순수성을 재현한 것이라 할 수 있다.

그것은 스미요시 나가야에서부터 시작된 것으로 기하학을 만들어내는 공적공간과 사적공간의 관계인 중정으로 나타난다. 이것은 더 나아가 광장이라는 형태로 발전하였다.「록고 집합주택」에서는 규칙적인 유닛이 반복되면서 그 속에 보이드(Void, 공간)가·삽입되어 광장으로 발전되었다. 보이드 시스템이 이상적으로 만들어짐으로써 발생하는 투명성과 공간성이 새로운 건축의 공적인 장을 만드는 것이 아닌가 생각하고 있다.

「록고 집합주택Ⅰ·Ⅱ」는 공사비를 포함해 꽤 비싼 주택이기 때문에 어떤 면에서는 건축가의 주관성이 내포되어 일반적으로 보기 어렵다고 할 수 있다. 또한 60도의 경사면에 세워졌기 때문에 조형적으로 보일지도 모르겠다. 그러나「록고 집합주택Ⅰ·Ⅱ」시공비의 1/3 정도의 저렴한 비용으로 시공된「록고 집합주택Ⅲ」은 처음부터 탐구해온 이성적인 것이 투명한 논리에 의해 완성되었기 때문에 Ⅰ·Ⅱ보다는 공적인 장으로서 성격이 부각되었다. 즉, 동과 동 사이에 옥상 정원과 광장이 서로 겹치면서 그것이 공적 장을 이루고 있다.

안도는 단순한 물질보다는 의지와 정신을 중요시 여기고, 디지털적인 방식보다는 아날로그적인 방식을 선호하며, 따라서 컴퓨터로 설계 작업을 하지 않고 아직도 인간의 숨결이 살아 있는 손으로 설계를 하고 도면을 그려나간다. 이러한 정신과 의지는 그가 현재 대표적인 재료로 사용하는 철과 유리, 콘크리트에 의해 구체적으로 표현된다. 기능적·경제적으로만 사용되었던 철, 유리, 콘크리트가 그를 통해 비로소 살아서 움직이며 숨을 쉰다. 특히 콘크리트를 노출로 사용하는 수법은 숨어 있던 노출 콘크리트의 아름다움을 시적인 경지까지 끌어올린 안도만의 트레이드마크이며, 전 세계로 유행시키고 있다. 노출 콘크리트에 대해서 그는 이렇게 이야기한다.

나는 일본사람으로서 스스로 키워낼 수 있었던 간결의 미의식을, 또 일본사람이기 때문에 만들 수 있는 공간을 현대적 재료인 콘크리트, 그리고 그것이 만들어내는 벽을 순화시켜서 사용함으로써 실현시키고 싶다. 볼륨(Volume)과 빛에 의해 구성되는 공간을 구현시키는 소재로서 오늘날 콘크리트가 가장 잘 어울린다고 생각한다. 내가 사용하는 콘크리트는 조소적인 단단함과 중량감을 갖지 않는다. 균질한 가벼움으로 표면을 형성하지 않으면 안 된다. 현재의 콘크리트가 내가 생각하여 그려내는 미적인 이미지에 합치될 때 벽의 표면은 유(有)에서 무(無)로 추상화되어 공간의 한계에 다가선다. 그러할 때 실체로서의 존재감은 소실되고 둘러싸여진 공간만이 신체감각으로서 남는다.

볼륨과 비쳐 들어오는 빛의 질만이 공간구성의 수단으로서 떠오른다. 그렇게 될 때 기하학적 구성이 의미를 가진다. 보편적인 기하학 형태는 공간의 규정을 명확하게 하고 건축 전체를 하나의 방향으로 조정해준다.

실제 현장에서 대리석처럼 반들거리는 안도의 노출 콘크리트를 보면 구조체로서의 중량감은 느낄 수 없고 무중력 상태가 되며, 빛이 반사될 때 심지어 따스함마저 느끼게 된다. 이러한 그의 트레이드마크는 그냥 이루어진 것이 아니다. 끊임없는 탐구와 정신력의 극한까지 몰아가는 투쟁으로 이루어낸 것이다. 실제 안도의 초기작과 「스미요시 연립주택」의 콘크리트는 다른 미감으로 우리에게 다가온다.

미운 오리새끼에서 백조로의 변화는 물질의 소재감에 생명을 불어 넣는 창의적인 건축가에 의한 것이다. 르 꼬르뷔제가 노출 콘크리트의 뿌리를 이루었다면 안도 다다오는 노출 콘크리트의 꽃을 피운 건축의 시인으로 여겨질 것이다.

요리를 할 때도 신선한 재료가 있어야 맛있는 음식을 만들 수 있듯이 콘크리트도 재료와 정성이 들어가야 매끄러운 면을 연출할 수 있다.

먼저 콘크리트는 표준적인 콘크리트 재료를 사용한다. 콘크리트 기준 강도는 최소 210kg/㎠ 이상이고 슬럼프(Slump, 콘크리트 반죽의 정도) 값은 최소 15㎝ 이하의 된반죽을 하여야 한다. 물시멘트비는 55% 이하로 공기량은 4% 정도이며 단위 시멘트량 최소 270kg/㎠, 별도의 첨가물은 넣지 않는다.

거푸집은 우레탄도막 3중 코팅된 합판을 사용하고 주로 사용하는 규격은 900㎜×1800㎜×12㎜로 매끄럽고 단단하게 코팅된 합판은 대리석과 같은 맨질맨질한 표면을 부여하고 거푸집을 뗄 때에도 쉽게 떨어진다. 거푸집은 최대한 강하게 조여 모서리나 끝부분의 각이 살도록 한다.

그리고 시공자와 함께 폼타이(거푸집 양쪽 합판을 잡아주는 철물)와 콘(폼타이 양끝에 붙는 부착물)의 간격과 위치를 철저하게 점검한다. 콘크리트를 칠 때 바이브레이터나 대나무 등을 이용하여 콘크리트를 골라주고 망치로 거푸집을 쳐서 콘크리트가 균등하게 분산되도록 한다.

양질의 콘크리트 표면은 특별한 노하우보다는 정신력과 정성에 기인한다는 것이 안도의 생각이다. 물론 일본의 시공기술을 간과할 수 없지만 콘크리트 타설시 전 직원이 나가 대나무로 콘크리트를 골랐다는 이야기가 이를 나타낸다.

조심스럽게 거푸집을 제거한 후 실리콘 도료를 뿌려주거나 롤러로 칠한다. 이는 콘크리트 표면이 물이나 오염물질로 인해 훼손되지 않게 하기 위해서다. 그리고 2~3년마다 깨끗이 청소한 후 다시 실리콘 코팅을 할 것을 추천하고 있다.

안도는 특별한 기능공을 고용하지는 않는다. 다만 건축가 자신이 직접 각 현장 노무자들에게 끊임없는 교육을 하고 지도하며 이러한 결과를 얻어내고 있다.

이러한 단순한 노출 콘크리트의 구성이 창출해내는 결과는 합판의 줄눈, 콘의 구멍, 층간의 띠, 그리고 대리석과 같은 반들거리는 노출 콘크리트 표면 등이 어우러져 비물질적, 무중력의 신비감마저 준다.

도면 속에 숨어 있는 것

안도에게 있어 디테일은 건축에 대한 생각의 흔적이다. 디테일을 정의하자면 실제 건물을 지으려고 할 때 감춰진 공간에 대한 상세한 도면을 말한다.

형태가 단순할수록 그 뒤에 숨어 있는 디테일에 대해서는 그 단순성을 관철하기 위해 신중하지 않을 수 없다. 디테일은 건축 전체에 있어서 만드는 쪽의 창조의지가 표현되는 중요한 부분이라고 생각한다. 천장과 벽, 개구부와 벽, 벽과 바닥 등의 부분과 부분의 관계에 대한 문제가 디자인의 프로세스로서 점점 대두된다. 나는 오랫동안 손작업으로 만들어왔기 때문에 그로부터 벗어나지 않으며, 하나의 사물을 구성하는 부분과 그 전체의 형태를 떠나서는 생각할 수가 없다. 부분을 모아서 묶은 것이 전체이고 전체는 부분의 연쇄이다. 그렇기 때문에 나에게 있어서 디테일은 건축의 물리적 구성요소인 동시에 건축 전체 이미지의 착지점이기도 하다.

43

건축의 디테일은 반드시 공학 기술적인 처리나 마무리만의 일은 아니다. 전체를 읽을 때 투철한 건축적 논리를 구하는 지점에서 출발하여 다시 한번 그 지점으로 되돌아오는 일, 그 순환과정에서 전체와 부분, 소재와 형태를 어디까지 깊이 고찰하는가 하는 문제이다. 무엇보다도 기술에 대한 스스로의 명확한 시선이 필요하다. 기술은 명제의 논리나 범용한 상식으로 구성되어 있는 단순한 지식일 때가 보통이다. 본질적인 것은 그것을 통제하는 설계자의 의지와 사고이다.

안도의 옥상 난간은 극도의 단순함을 추구한다. 놀라운 일본의 시공기술과 안도의 극단까지 추구하는 디자인이 하나의 부분을 전체와 서로 긴장관계로서 존재시킨다. 안쪽으로의 경사물매(Slope, 지붕의 경사진 정도)를 제외하고는 옥상 난간 턱도 없이 시멘트 몰탈(벽을 바르려고 시멘트와 모래를 일정한 비율로 섞어 반죽해놓은 것)만으로 극도의 단순함을 창출해낸다. 지붕 위의 자갈 깔기는 환경적 효과 외에도 친근한 미감을 형성하여 제5의 입면(立面)의 역할을 훌륭히 소화해낸다. 외벽 끝을 찢어 천창을 설치하는 수법은 빛, 공간, 형태 등을 창조해내는 안도의 또 다른 트레이드마크이다. 이곳의 디테일은 더욱 놀랍다. 난간 경사의 물매 이 외에 유리와 콘크리트, 유리와 유리를 잡아주는 것은 코킹(Calking)재료뿐이다. 프레임 없이 유리만이 하늘과 집을 연결한다.

　건축가에게 난간 디테일은 자신의 얼굴과 같다. 그 디자인의 가치와 의의를 아는 안도는 평강(平鋼)을, 철을 사용하여 난간 디테일을 디자인한다.

　노출 콘크리트와 철제 난간의 조화는 서로를 자극하며 강조시킨다. 몇 가지 크기의 평강의 조합은 단순한 선을 넘어서 추상예술을 상기하도록 만든다. 철과 철의 접합, 철과 콘크리트의 접합 균제와 비례, 단순과 대칭은 안도의 창작사고 안에서 건축예술로 승화된다. 높이 110㎝를 기준으로 펼쳐지는 안도의 난간은 안전을 필요로 할 경우 철망이 더해진다.

이야기가 있는 건물

안도의 건물은 하나가 완성되면 그 옆에 또 다른 건물이 제안되어 연결되는 것이 특징이다. 일본의 건물은 한번에 완성되는 것이 아니고 몇 번에 걸쳐 완성된다. 마찬가지로 안도의 건축도 「히메지 어린이회관」이 완성되면 「별이 회관」으로 「록고 집합주택 I」이 완성되면 「록고 집합주택 II·III」 등으로 이어진다. 「나오시마 현대미술관」은 현재 네 번째 작업에 들어갔다. 이처럼 건물은 몇 번에 걸쳐 서로 유기적으로 연결되어 가끔 시행착오도 겪으며 만들어진다. 요즈음의 건물은 한번에 완공되는 것이 일반적인데 안도는 이처럼 다른 스타일로 만들고 싶다고 한다.

「이시하라 저택」의 부지 주변은 중소기업 공장과 상점 및 주택이 혼재하고 있는 오사카에 위치한 상가이다. 그곳에 2세대를 위한 주거와 클라이언트가 경영하는 가구 회사의 오피스를 콘크리트 벽으로 둘러쳤다. 건물은 3층이며 남쪽은 부모가 북쪽은 젊은 부부가 사용하도록 할당한 '평면처리'와 공적인 여러 방을 저층부에 두고 사적인 여러 방을 상층부에 배치한 '단면처리'에 의해 명확한 영역이 구분되었다. 이러한 구성을 가능하게 한 것이 내부 피막으로 사용된 유리 블록이다.

「빛의 교회」는 오사카 교외의 한적한 주택가에 있다. 「빛의 교회」를 방문하여 방명록을 보게 되면 놀랍게도 유럽 등 외국에서 온 사람들로 가득 차 있음을 발견하게 된다. 또한 많은 건축생도 다녀갔다.

교회 주 출입구는 직사각형의 볼륨과 15° 틀어져 서 있는 벽에 의해 만들어지며, 주 출입구를 통과하여 다시 180° 회전하면 제단을 바라볼 수 있도록 되어 있다. 본당에 들어서면 콘크

「빛의 교회」가 주는 작은 감동은 그 내부에서 발산되는 빛의 흐름에 있다.
(ⓒ C3A-TADAO ANDO)

리트를 관통하여 만들어지는 인상적인 십자가를 만날 수 있게 된다. 사실 「빛의 교회」가 주는 작은 감동은 그 내부에서 발산되는 빛의 흐름에 있다. 십자가를 통해 예배당 안으로 들어온 빛이 단상 위의 성경을 내리 비추는 모습은 사실 발견하기 쉽지 않은 모습이다. 이와 더불어 삐걱거리는 마룻바닥은 색다른 감흥을 전해준다. 가구들은 남은 거푸집으로 만들었다고 한다.

1998년의 여름부터는, 본당 우측으로 교회 홀이 건축되었다. 교회 사무실 겸 결혼식 행사를 치르는 곳이다.

「바람의 교회」는 록고 산 정상 근처의 오리엔탈 호텔 내에 자리 잡고 있다. 「바람의 교회」가 지니는 입지적 특성을 이해하기 위해서는, 먼저 일본의 결혼 풍습을 이해할 필요가 있다.

일본에서 대부분의 결혼식은 먼저 가족 단위가 모여 신사에서 전통적인 결혼식을 치른 후, 다시 교회에서 몇몇 절친한 친지 및 친구들이 동석한 가운데 치르게 된다. 그리고 이 결혼식 후에 전 가족과 친구 및 지인이 참석한 가운데 화려한 만찬을 갖게 된다. 일반적으로 친구들은 이 자리에 초대되며, 참석 회비로서 호텔에서의 연회비에 상응하는 축의금을 준비하

「바람의 교회」.(ⓒ http://easthoon.home.uos.ac.kr)

여야 한다.

따라서 일본의 대형 특급호텔에 교회가 왜 있을까라고 궁금했던 사람이 있다면 이러한 일본적 풍습의 산물이란 걸 기억해두자. 물론 호텔에서 성대하게 치러지는 피로연을 유치하기 위한 일본인 특유의 엄정한 상술의 발로이기 때문에 그 교회가 지니는 종교적 의미는 퇴색될 수도 있다.

안도의 「바람의 교회」는 록고 산 정상에 있는 특급호텔인 오리엔탈 호텔의 앞 정원에 위치해 있다. 이곳 역시 결혼식을 위한 교회이다.

「타임즈」는 이러한 교토의 역사와 문화를 배경으로 철저한 현장주의에 입각하여 건축된 안도의 대표적 작품이다. 「타임즈」는 다카세 강의 수면을 건축물 내에 끌어들이고, 수변(水邊)에 연접하여 보행자 동선을 설정함으로써 공간적으로는 일본의 전통적 건축물에서 보이는 중정과 건축물 주변을 에워싸며 형성된 회랑의 관계를 연상시키고 있다.

그런데 대부분의 사람이 "일본도 한국처럼 집중호우가 내릴 텐데, 이 건물은 무사한가?"라는 의문점을 가질 것이다.

이 개울의 생태를 이해하기 위해서는 교토 전체의 수계에 대한 이해가 필요하다. 다카세 강은 교토 호텔 북측에서 가모 강으로부터 분기하고, 「타임즈」를 지나 교토 역 남측에서 다시 가모 강과 합류하는 수기된 작은 소하천에 불과하다. 이곳으로부터 한 블록 나가면 시원한 강바람을 만날 수 있는 하천

본류(가모 강)를 만날 수 있다.

「타임즈」는 갈 때마다 특별한 이벤트가 준비되어 있는데 개울에서 작은 전시회가 벌어지고 학생으로 보이는 사람들이 개울 안에 작은 설치 전시물을 두어, 주변의 사람들에게 관람을 유도한다.

자연환경을 활용한 설치미술이 지니는 경외감은 외국인인 나뿐만 아니라, 이 지역 거주자에게도 구경거리인 듯하였다.

또 다른 이벤트는 개울을 매개체로 벌어지는 패션쇼의 모습이다. 학생들의 작품인 듯한 의상들을 선보이기 위해 개울 위에 무대를 설치한다. 안도 다다오의 건축물은 이런 이벤트의 무대가 되고 있다.

「올드 앤 뉴(Old & New)」는 록고의 시가지로부터 록고 산으로 이어지는 경사면에 서 있다. 완만한 경사면에서 저 멀리 바다를 바라볼 수 있다. 「한큐록고 역」으로부터 고베대학 방면으로 구불구불한 도로를 따라서 약 10여 분 정도 걸어 올라가면, 두 길이 만나는 코너에 돌담으로 에워싸여진 「올드 앤 뉴」가 있다.

이 건축물은 게스트 하우스라고는 하지만, 주 기능은 레스토랑, 미용실, 바 등으로 운영된다. 건축물은 크게 두 건물로 나누어져 있으며, 그 사이에 중정이 있다.

중정 안에는 200년이 넘는 거목 세 그루가 있다. 이 거목을 보전하는 중정을 두고 그 주변으로 건축물 매스(Mass)를 배치하고 있다. 특히 외벽을 에워싸는 주 재료인 석재는 이 지역에서 주로 생산되는 것이다. 대지가 지닌 상태를 반영하여 건축물을 부지 내에 삽입하는 안도의 철저한 현장주의를 읽을 수 있다. 이곳에서 멀지 않은 곳에 「록고 집합주택」이 있다.

「구마모토 장식고분 미술관」이 있는 규슈는 혼슈의 긴키지역처럼 일본의 고대사와 깊은 관계를 가진 지역이다. 이 고분관은 규슈지방 구마모토현의 북쪽에 위치하고 있으며 후타고즈카 고분(쌍고분)을 중심으로 8개의 고분이 주위를 둘러싸고 있다. 이 건축작품에서 안도는 고분관 전체와 주변의 환경을 하나로 묶어서 그대로 보이려고 했다. 그렇기 때문에 건물은 주위를 한눈에 볼 수 있도록 돋우듯이 설계되었으며 주변의 환경에서 돌출되지 않게 반 이상을 땅 속에 묻었다. 또한 주차장을 의도적으로 건물과 분리시킴으로써 직접 전시관에 접근하는 것이 아니라 일단 차에서 내려 풍요로운 자연을 즐기면서 들어가도록 설계되었다. 전체 건물은 직사각형에 반원 호, 그리고 원의 중심을 향해 관입하는 L자형의 벽으로 구성되었다.

건물의 배치는 현대적 고분으로 인식되기를 의도하여 후타고즈카 고분과 약 250m 떨어져 점대칭의 형태로 되어 있다. 이것은 둘의 단순한 위치적 관계를 떠나 과거와 현재라는 시간의 관계를 표현한 것이다. 사람들은 원호의 벽을 따라 나선상의 물매를 돌아보고 과거에서 현재로 이어지는 웅대한 시간의 흐름을 느끼면서 전시물을 보게 될 것이다.

「세빌리아 박람회 일본 정부관」은 1992년 스페인의 바로셀로나에서 박람회가 개최되었을 때 일본 정부관으로 세워진 것이다. 이러한 일본관은 소재 그대로의 목조, 하얀 회벽 등 일본의 전통적인 미학을 세계에 알리려고 한 것으로 일본의 전통을 현대의 기술로 재구성하였다. 건물은 폭 60m, 내부 길이 40m, 최대높이 25m의 규모로서 세계 최대의 목조건축을 자랑한다. 이 건물은 4층으로 구성되어 상부는 목조의 기둥, 보와 지붕은 반투명막이 쳐져 있다. 관객은 장구다리를 통하여 최상층까지 오를 수 있다. 이 다리는 허구의 세계(꿈의 세계)로 향하는 것이며 또한 동양과 서양의 중계자로서 의도된 것이다. 이 다리를 다 올라가면 거대한 오픈공간의 엔터런스 갤러리가 나오며 여기에서 각 전시실을 둘러보면서 내려가게 된다.

오사카 만에 위치한 「산토리 박물관」은 산토리 주식회사 창립 90주년 기념사업의 하나로 건립되었다. 구체를 포함하는

역원추형으로부터 2개의
직방체(직육면체)가 바다를
향해 내달아 있는 형태의
건물이다. '생활 속의 아트
와 디자인'을 컨셉트로 기
획전시를 하고 있는 갤러
리와 거대한 입체영상 극
장인 '아이맥스 극장'을 핵
으로 박물관 숍과 레스토
랑, 스카이라운지로 구성
된 복합 문화시설이다. 갤

「산토리 박물관」. 구체를 포함하는 역원추형으로부터
2개의 직방체가 바다를 향해 내달아있는 형태의 건
물.(ⓒ C3A-TADAO ANDO)

러리엔 세계 각국의 우수한 포스터와 유리공예품이 소장되어
있다. 2층에 형성된 갤러리는 바다에 면한 서측 전면 글라스
로부터 자연광을 유입하여 풍부한 공간을 창출해낸다.

안도는 이 프로젝트를 통해 현대사회에서 물이 우리의 삶
에 부여하는 풍요로움의 가치를 다시금 조명해보고자 했다.
물과의 친밀성을 일상생활에 도입하고자 한 것이다. 이 프로
젝트는 박물관의 해변 광장과 바다에 면한 내리막 광장을 하
나로 잇는다는 의도로 계획되었다. 내리막 광장은 계단과 경
사를 통해 바다로 이어진다. 무릇 미술관은 사람과 예술, 혹은
사람과 이미지 매체가 대면하는 극장이라야 한다. 그런 면에
서 이 해변 광장을 대양과 대면하는 극장으로 파악하는 것은

자연스러운 연상이었
다. 이 극장에서 우리
는 소금기 머금은 미
풍과 물결의 흐름, 수
평선 너머 가라앉는
태양, 이곳에 모인 사
람들, 그리고 이 모든

「산토리 박물관」 야외극장의 석양.
(ⓒ C3A-TADAO ANDO)

것이 하나로 어우러지는 것을 즐기게 된다. 계단은 관중을 위
한 의자다. 어디든 관객의 여흥을 위한 무대가 될 수 있다. 해
변에는 다섯 개의 육중한 기둥이 서 있다. 뿐만 아니라 건축가
의 의지를 증명하고 광장과 바다와의 연속성을 강화한다는 취
지에서 해변에서 70m 떨어진 방파제에도 역시 다섯 개의 기
둥이 서 있다. 박물관의 두 개의 직사각형이 관통하고 있는 거
대한 위쪽은 넓은 원뿔 모양을 하고 있다. 그 안에 직경 32m
의 아이맥스 극장이 있다.

아이맥스 극장은 돔형의 대공간으로 구성된 446석의 거대
입체영상 극장이다. 350mm의 필름을 사용한, 높이 20m 폭
28m에 달하는 세계 최대급 스크린이 내뿜는 입체영상은 마치
실제장소에서 실제로 체험하고 있는 듯한 생생함과 감동을 준
다. 거대 스크린과 디지털 트랙, 1만 5천 와트의 음향은 실제감
넘치는 입체영상을 즐기게 하는 데 충분하다. 이 외에도 오리
지널 상품을 중심으로 내외의 세련된 상품을 가지런히 진열한
박물관 숍도 큰 볼거리며, 바다의 경관, 석양의 아름다움 등도

덤으로 즐길 수 있다. 덧붙여「산토리 박물관」에서는 신에너지·산업기술 종합개발 기구(NEDO)의 1993년도 필드 테스트 사업의 일환으로서 태양광 발전 시스템을 도입하고 있다. 9층 스카이라운지의 지붕면에, 건물의 형상에 맞추어 원형에 태양전지 패널을 설치해 자가 발전한다. 전기를 공기조절·전기 부하의

공사중인「산토리 박물관」.
(ⓒ C3A-TADAO ANDO)

일부로 충당하고 있고, 이러한 시스템은 일본에서 처음으로 박물관에 태양광 발전이 활용된 사례이며, 오사카항의 경계표지라고 할 수 있는 이미지를 부여한다.

일본의 중앙 산맥은 고베 근처에서 바다와 근접해 있다.「록고 집합주택」은 고베 록고 산맥 기슭의 한 주거지역에 위치하고 있으며 대지는 남향으로 60도 경사져 있으며 오사카 만에서 고베 항까

「록고 집합주택」내부.(ⓒ C3A-TADAO ANDO)

지의 멋진 경관이 한눈에 펼쳐진다. 일본은 그동안 경사지를 깎아냄으로써 자연을 파괴해왔는데 이 대지에서는 건물이 자연과 관계를 맺는 방법에 관한 새로운 접근을 시도하고 있다. 경사를 올라가면 의도적인 여백을 두었다. 여백들은 서로 호응하면서 건물 전체를 연결하고 동시에 광장으로서의 역할도 한다. 모든 세대에는 테라스가 있고 다양한 전망이 펼쳐진다.

「록고 집합주택」. 가파른 대지 조건을 고려하여 자연과 건축의 관계를 보다 명료하게 표현했다.
(ⓒ C3A—TADAO ANDO)

불규칙한 지형에 따라 비대칭의 구조물이 형성되고 각 세대는 다양한 형태를 지니게 된다. 이 집합주택은 외부도로에서 곧장 각 세대로 진입이 가능한 새로운 주거 형태이다.

「록고 집합주택Ⅱ」는 1983년 완공된 「록고 집합주택Ⅰ」의 바로 옆에 위치해 있다. 마찬가지로 대지는 60도의 경사면이지만 그 면적은 4배에 달한다. 이렇게 가파른 대지 조건을 고려하여 자연과 건축의 관계를 보다 명료하게 표현하고자 했다.

나오시마는 세토나이카이에 떠 있는 작은 섬이다. 대지는 섬 남단의 바다에 돌출된 작은 곶의 언덕 위에 있으며, 해변으로 밀려오는 잔잔한 파도를 내려다볼 수 있다.

이「나오시마 현대미술관」은 배에서 직접 접근이 가능하도록 계획되었다. 선창을 올라가면 곧 계단형의 광장에 도달하게 된다. 이 광장에는 미술관의 별실이 준비되어 있다.

광장을 따라 올라가면 돌로 쌓은 본관의 벽이 보이기 시작한다. 아름다운 주변 환경을 깨뜨리지 않기 위해 건물을 낮게 조정했으며 볼륨의 반 이상을 지하에 묻었다. 완만한 언덕을 올라가 본관에 다다르기까지 사람들은 감추어진 갤러리의 존재를 알 수가 없다. 갤러리는 길이 50m, 폭 8m로 2층 정도의 높이를 지닌 땅 속의 대공간이다.

호텔, 갤러리, 계단형의 테라스는 바다를 향해 서쪽으로 개방되어 있으며 오가는 배, 석양 등 아득한 바다의 경치가 건물 안으로 끌어들여진다. 미술관 주변에는 산책로를 둘러 곳곳에 바다를 볼 수 있는 무대를 만드는 등 주변 일대를 하나의 미술관으로 계획하였다. 사람들은 이러한 풍요로운 환경 속에서 자연과

「나오시마 현대미술관」. 호텔, 갤러리, 계단형의 테라스는 바다를 향해 서쪽으로 개방되어 있으며 오가는 배, 석양 등 아득한 바다의 경치가 건물 안으로 끌어들여진다.(ⓒ C3A-TADAO ANDO)

예술을 즐기며 도시에서 잃어버린 감성을 되찾을 수 있다.

1992년에는 완공된 호텔과 미술관 본관대지 뒤쪽의 언덕 위에 갤러리로 활용될 수 있는 다목적 공간의 별관을 증축했다. 아래쪽 건물들보다 40m 높은 곳에 위치한 호텔 별관은 작은 케이블카를 타고 들어가야 한다. 타원형 평면을 지닌 단층의 별관은 온갖 초목과 꽃이 우거진 언덕의 기저를 형성한다.

별관은 케이블카와 주변의 산책로를 통해 기존 건물과 자연스럽게 연결된다. 이로 인해 주변의 산악에서 세토나이카이에 이르는 자연의 풍요로움과 다채롭게 펼쳐지는 풍경이 방문객들의 뇌리에 한층 강렬하게 새겨진다.

장축 20m, 단축 10m의 타원형 중정.
(ⓒ PHAIDON-TADAO ANDO)

미술관 본관과 마찬가지로 주변의 자연 풍경을 고스란히 간직하기 위해 별관 건물은 언덕에 깊이 파묻혀 있으며 내부에 정원이 있다. 트윈 베드룸 4개, 스위트룸 2개, 카페가 있는 별관 건물의 평면은 장축 40m, 단축 30m의 타원형이다. 그 중앙에는 장축 20m, 단축 10m의 타원형 중정이 있다. 이 정원은 연못물의 표면 장력과 공간 효과를 통해 준야외 갤러리로 활용될 수 있는, 주랑에 둘러싸인 3차원의 수상 조각품처럼 보인다.

또한 인공 폭포가 출입구를 장식하고 있으며 타원형과 정사각형의 경계선 사이에는 정원이 조성돼 있다. 인공 폭포는 바다를 향해 직접 떨어지며, 주변 녹지가 연장된 정원은 옥상정원과 이어져 바다를 향해 열려 있다. 주변 자연환경과 하나로 어울린 별관 건물과 정원은 이색적인 조화를 이루며 자연의 멋을 풍긴다.

「치카츠 아스카 역사박물관」은 오사카, 미나미카와치에 위치하였다. 주변은 일본에서도 유수의 고분이 많은 지역으로서 이 건물은 이러한 고분문화의 공개, 전시, 연구를 목적으로 세워졌다.

이 작품의 구상은 출토품만을 전시하는 박물관을 떠나 새로운 시도로서 주변에 있는 고분 전체를 그대로 내보이려고 한다.

건물은 이러한 출토지역을 한눈에 내려다볼 수 있는 언덕으로 구상하여 지붕을 계단식으로 계획하였다. 초봄에는 매화가 아름

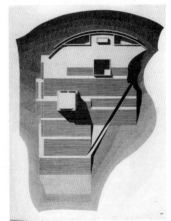

「치카츠 아스카 역사박물관」. 지붕을 계단상으로 계획하였다.(ⓒ C3A-TADAO ANDO)

답고, 초여름에는 신록이, 가을에는 단풍이 이곳을 물들인다. 이러한 사계의 변화를 건물 옆에 마련한 호수의 수면에 비치게 한다. 또한 이 건물은 야외활동의 거점으로서 활용하도록 계획되었다. 즉, 계단식의 광장은 연극제, 음악제 등 각종 퍼포먼스, 강연에 의해 새로운 프로그램을 유발하도록 계획된 것이다.

나라현의 고조시는 약 200년 전, 에도 막부 시대에 교통의 요지로서 번창했으며 지금은 전통가옥과 문화유산으로 유명하다. 안도가 「고조 박물관」을 맡았을 무렵은 아직 박물관 부지가 선정되지 않은 상태였다. 그는 고조시를 굽어보는 언덕 위의 대지를 최종 선정했다. 왜냐하면 안도는 공사하기에 까다로운 이곳의 위치적 특성상 아주 독특한 대지 위에 상징적인 건축물을 세움으로써 주민들에게 훨씬 큰 자극이 될 수 있다는 것이었다.

그는 언덕 전체에 나무를 심어 박물관이 수목 사이의 외딴 곳에 위치해 있다는 인상을 주고자 했다. 이 훌륭한 전망을 더 활용

「고조 박물관」.
(ⓒ 건축용도별현대건축01 박물관건축)

하기 위해 다도실과 회의실이 있는 별관을 지었다. 안도는 증축 부분이 완공된 때 주민들의 적극적인 활용과 만남의 장소로 기억되길 바랐다. 건물 내벽은 철근 콘크리트를 이용하였으나 외부 마감재는 아연철판을 이용하였다. 모든 자재가 제각기 색다른 질감을 낸다는 것에 착안하여 전혀 새로운 자재를 선택한 것이다.

오카야마현의 지방도시인 나리와는 구라시키의 북쪽에 있다. 나리와는 지역 내에 있는 구리광산 덕분에 오랫동안 넉넉한 지역 경제를 유지할 수 있었다. 나리와는 독특한 색감의 적토로 채색된 '후키야'라고 불리는 토속 주택으로 유명하다. 「나리와 미술관」은 돌 벽으로 둘러싸인 오래된 주택 대지와 남쪽으로 가파른 경사지 사이에 자리 잡고 있다. 여기에 또 다른 벽을 세우고 그 안에 콘크리트 박스를 배치했다.

미술관에 들어오는 방문객들은 유구한 세월 동안 그곳에 서 있었던 오래된 돌 벽을 제일 먼저 만나게 된다. 그리고 콘크리트 박스를 따라 나 있는 각진 경사로를 오르면서 나무를 심어놓은 서향의

「나리와 미술관」.
(ⓒ PHAIDON-TADAO ANDO)

61

비탈을 굽어볼 수 있다. 비탈과 미술관 사이에는 연못이 있다. 「나리와 미술관」을 자연·문화·역사가 공존하는 공간으로 설정한다는 의도가 반영되었다.

「포트워스 현대미술관」은 미국, 텍사스 포트워스에 위치한 안도의 신작이다. 이 프로젝트는 미국 텍사스 주 포트워스로 현대미술관을 이전한 것이다. 루이스 칸이 설계한 「킴벨 미술관」 길 건너편 대지에 세워진 이 미술관은 넓은 부지에 '예술을 위한 숲'이라는 이름을 붙였다. 느긋하게 예술작품을 음미할 수 있는 환경의 개념으로 대지를 파악했기 때문이다.

미술관은 평행선으로 배치된 여섯 개의 콘크리트 입방체(정육면체)로 구성되며, 각각의 정육면체를 유리 외관이 감싸고 있다. 동쪽에는 교통량이 많은 교차로와 미술관을 차단하여 조용한 자연환경을 조성하는 관목 숲과 넓은 수상정원이 있다. 여섯 개의 직사각형 입방체는 두 개의 길쭉한 공동공간과 네 개의 짧은 전시공간으로 나뉘어 있다. 이 공간은 주변 자연환

「포트워스 현대미술관」.
(ⓒ DOMUS(0303))

경을 포용하는 동시에 다양
한 내부공간을 수용하고 작
가들을 위한 창조정신에 보
금자리를 제공한다. 유리 외
관에 둘러싸인 콘크리트 육
면체들은 유리의 투명함을
강조한다.

「포트워스 현대미술관」내부.(ⓒ 신건축(0305))

그리고 중량감 있는 콘
크리트를 외부 환경에 그
대로 노출시켰더라면 느껴
졌을 강한 인상이 유리로
인해 완화되는 효과를 준
다. 콘크리트의 강인함은 포트워스의 기후로부터 귀중한 미술품
을 보호한다. 안쪽의 콘크리트 정육면체들은 구조적인 정성을
부여하고 바깥쪽의 유리 정육면체들은 기후가 전시관에 직접적
으로 미치는 영향을 완화시킨다. 이 모든 요소가 「포트워스 현
대미술관」에 소장된 예술품의 안전을 제고하기 위한 장치다.

전반적인 건물형태는 단순하지만 각양각색의 전시관과 다
른 자연환경 시스템이 다양성을 더해준다. 복층유리와 콘크리
트로 둘러싸인 사이공간은 실내공간과 외부공간에 모두 속하
는 일본 가옥의 툇마루와 유사하다. 이 공간은 전시관의 구심
점 역할을 하는 한편 주변의 빛과 물, 녹음을 포용하는 동시에
창의성을 고양한다. 「포트워스 현대미술관」은 미술품으로 관

람객들의 요구를 충족시키
는 것 외에도 모든 주민에
게 개방된 지역사회의 구심
점이 될 것이다.

방문객은 잔디밭이나 물
이 있는 정원에서 대지 곳
곳에 전시된 예술작품을 배
경으로 야외공연이나 파티,
축제를 함께 즐길 수 있다.
안도가 「포트워스 현대미술
관」을 기획하면서 가장 주

「포트워스 현대미술관」.(ⓒ임채진)

안점을 둔 것은 진정한 의미의 열린 미술관을 건축하는 것이
었다.

1995년 1월 17일 아와지 섬으로부터 한신 지방일대를 대재
해가 공습한 날, 안도는 일로 런던에 있었다. 그는 급히 일정을
취소하고 귀국하여 피해지역으로 향했다. 엄청난 참상으로 어
안이 벙벙하여 꼼짝달싹하지 못했다고 한다. 그때 받은 강한
인상, 몸으로 느낀 비참한 광경은 지금도 결코 잊을 수 없다.

당시 「아와지 꿈의 무대(Awajiyumebutai)」는 아카시해협대교
가 개통되는 1998년에 맞추어 완성하는 것으로 계획이 진행되
고 있었다. 벌써 실시설계를 거의 종료, 착공 시기에 들어가 있
었다. 지진에 의한 재해는 그때 갑자기 일어난 것이다.

「아와지 꿈의 무대」
의 부지는 진원지에 가
깝게 위치하고, 부지 내
에도 활단층이 몇 개
발견되었다. 안도는 효
고현 아와지 섬의 긴급
사태로 인한 계획의 중

「아와지 꿈의 무대」.
(ⓒ新建築社-Tadao Ando / Awajiyumebutai)

지는 부득이하다고 생각하였다. 하지만 복고작업이 점차 진
행됨에 따라 창조적 부흥을 중시하는 효고현의 영단에 의해
새로운 지진에 의한 재해의 부흥기념 사업으로서 전면적으
로 재검토된 후「아와지 꿈의 무대」는 새로운 출발을 하게
되었다.

부흥정책이 우선하기 때문에 2년간 늦어졌지만 2000년 이
를 기회로 자연과의 조화를 보다 강조, 재구성하여 결국 현재
의「아와지 꿈의 무대」가 실현되었다. 이 부지는 1960년대 중
반부터 30여 년간에 걸쳐 토사를 채취한 적지(跡地)이다.

「아와지 꿈의 무대」의 출발점은 인간에 의해 파괴된 상처
받은 토지를 한번 더 인간의 손에 의해 재생하고자 하는 데에
있다. 자연 파괴를 하여 개발하는 것이 아닌 개발의 손톱자국
이 난 자연을 재생하면서, 거기에 새로운 교류의 무대를 만들
어내는 것이다. 이렇듯 국가와 효고현을 시작으로 여러 분야
의 전문가, 시공자까지 많은 사람의 힘이 결집돼서「아와지

꿈의 무대」는 태어났다.

「아와지 꿈의 무대」를 방문하는 사람은 물, 빛, 바람, 그림자, 하늘, 산 그리고 바다 등 일상을 간과한 자연의 양상을 어느 만큼 감지할 수 있을까? 안도에게 있어서도 이것은 커다란 도전이었다. 이러한 생각은 효고현이 정비한 약 28ha의 「아와지 꿈의 무대」만이 아니라 약 100ha의 국영공원, 150ha에 달하는 현립 아와지 섬 공원까지 포함하였다. 이 일대 전부의 프로젝트 대전제의 과제였다.

21세기는 더 이상 자연이 환경을 조절해주는 시대가 아니라 한 사람이 강하게 의지를 갖고 적극적으로 자연과 호응하

「아와지 꿈의 무대」.
ⓒ 新建築社-Tadao Ando / Awajiyumebutai

면서 환경과 공생하여 나가야 되는 시대이다. 그는 정원의 나무와 작은 하천, 록고 산과 오사카 만이라고 일컬어지는 주변의 자연으로부터 지진 등의 천재(天災)를 포함한 지구의 장기변동에 이르기까지 인간이 살고 있는 환경에 대하여 관심을 조금이라도 높이는 계기가 되었으면 하고 생각하였다.

2000년이라는 고비를 겪

으며 탄생한 「아와지 꿈의 무대」. 안도는 이제 이곳이 천 년의 시간을 지나 물과 숲에 둘러싸여 사람들에게 계속하여 용기를 전해주는 장소로 커주기를 바란다.

「아와지 꿈의 무대」.(ⓒ 新建築社-Tadao Ando / Awajiyumebutai)

그는 '커뮤니케이션 도시의 형성'을 건축의 기본이념으로 삼고 자연의 회복과 바람직한 환경 창조와 한신·아와지 대지진의 귀중한 경험을 살린 방재 도시의 형성을 목표로 사업을 추진하였다.

「아와지 꿈의 무대」는 '효고현립 아와지 꿈의 무대 국제회의장', '웨스틴호텔 아와지 리조트 & 컨퍼런스', '전망 테라스 레스토랑 & 숍', '아와지 꿈의 무대, 온실, 기적의 별 식물관', '야외극장' 등 5개의 시설이 각각 개성적인 매력을 발산함과 동시에 일체가 되는 형태로 안도 다다오에 의해 설계되었다.

독특한 디자인의 건물, 흡사 성벽에 둘러싸인 것 같은 중후한 정취와 타원형 매스에 의해 잘려진 하늘이 보이는 '효고현립 아와지 꿈의 무대 국제회의장'의 포럼(Forum), 원형 지붕의 안뜰이나 다실로 통하는 복도에 지역 특산물인 아와지 기와가 사용되어 현대건축과 풍토가 보기 좋게 조화를 이루고 있다.

「아와지 꿈의 무대」.
ⓒ 新建築社-Tadao Ando / Awajiyumebutai)

국제공원의 핵심이 되는 '효고현립 아와지 꿈의 무대 국제회의장'은 다른 도시형 컨벤션 시설과는 달리 초록 넘치는 자연 속에서 회의 참가자가 각각의 '창조성'을 발휘할 수 있어 질 높은 회의 성과를 낳을 수 있는 공간을 목표로 하고 있다.

'효고현립 아와지 꿈의 무대 국제회의장'은 '웨스틴호텔 아와지'라고 명명되어 운영되고 있으며 중규모의 국제회의로부터, 숙박·체재형태의 회의, 기업 인센티브-연수, 그리고 소인원의 토의 등의 다양한 행사가 개최되고 있다. 중심적인 회의실이 되는 메인 홀은, 6개 국어의 동시통역 시스템을 갖추고 있고 최대로 600명 수용이 가능하며 계단식 플로어에는 100명 정도 수용 가능한 앰피시어터(원형극장), 전시회 등에 사용할 수 있는 이벤트 홀, 대소 2개의 리셉션 홀, 그 외 중·소회의실로 분리되어 있다.

공원도시 중심에 위치한 백단원은 네모진 탑과 같은 부분(엘리베이터)에서 「아와지 꿈의 무대」 전경을 내려다볼 수 있으며 네 개의 테마별 화단이 설치되어 있다.

「아와지 꿈의 무대」.
(ⓒ 新建築社-Tadao Ando / Awajiyumebutai)

아카시해협대교를 건너 잠시 후에 모습을 드러내는 대해원에, 출범하는 범선과 같은 「아와지 꿈의 무대」의 경계표지가 있다. 바로 '웨스틴호텔 아와지 리조트 & 컨퍼런스'이다. 이 호텔은 인접의 '효고현립 아와지 꿈의 무대 국제회의장'과 함께 컨퍼런스 게스트나 「아와지 꿈의 무대」를 방문하는 손님에게 여유와 여유있는 공간을 제공한다.

야외극장에서 전개되는 콘서트나 퍼포먼스, 패션 쇼 등은 사람과 자연을 합일화시키는 엔터테인먼트를 연출한다. 초록에 싸인 객석에 앉으면, 오사카 만의 경치를 배경으로 수면에 떠오른 무대가 환상에 빠져들게 만든다.

'21세기형 감동창조기능·실험형태 식물관'을 테마로 하여 지금까지의 온실과 차별화된 다채로운 6,500㎡ 규모의 공간으로 계획된 이곳은 '살기 쉬움을 추구하는 개발', '풍족한 환경을 차세대에게 보존'이라는 두 가치관의 융합을 컨셉트로 하고 있다. 시설 내용은 지구 디자인으로서의 '공생 문화 존'과 사람과 자연의 가까운 미래를 제안하는 21세기의 '꽃과 초록의 생활 존'으로 구성되어 있다.

일본의 전통건축을 국제적인 언어로

일본 현대건축의 의미

그동안 일본의 건축은 지형을 이해하고 자연을 의식하면서 인공적인 것과 자연이 융합해서 성립되었다. 그러나 급격한 도시화를 겪으며 건축은 더 이상 자연에게 도움을 받을 수 없게 되었고, 또 건축 자체로도 좋은 환경을 만들어낼 수 없는 진퇴양난의 처지에 이르게 되었다.

일본 현대건축의 시작점을 명확히 규정하기는 어렵지만 일반적으로 제2차세계대전의 패전 후 약 10년 뒤로 보고 있다. 전쟁에서 패배한 일본은 평화와 문화라는 두 가지 이념을 국가지침의 기저로 삼고 출발하였다. 패전에 따른 정치·경제의

혼란이 겨우 안정을 보이기 시작한 1950년대 중반 무렵 완공된 단게 겐조의 「히로시마 평화회관」과 오오에 히로시의 「호오세이 대학 55년관」은 평화와 문화를 상징하는 일본의 현대건축의 효시로서 인식된다. 이 두 작품은 일본건축의 흐름과 궤적을 이해하는 데 많은 도움을 주고 있다. 단게 겐조가 세계적 조류 속에 현대건축의 상징적인 작품을 만들어갔다면 오오에 히로시는 단아하고 조용하면서도 내면적인 성향을 띠며 일본의 전통성을 현대건축에 접목시켰다고 할 수 있다.

일본의 현대건축은 크게 네 시기로 구분된다.

제1시기는 1955년부터 1964년 동경 올림픽 이전까지의 시기로, 사회와 조직을 새롭게 정비하였다. 사회가 안정되기 시작하면서 건축뿐 아니라 모든 것에 도전을 하던 시기였다.

제2시기는 1965년에서 1973년까지이다. 이 시기에는 올림픽 이후 경제대국으로서의 자리를 굳혀가게 되었고, 새로운 차원의 건축이 시작되었다. 인간적인 생활과 여유를 가지면서도 경제력을 과시하고자 하는 양면적인 모습이 충돌하면서 접합이 이루어진 시기였다. 이 시대의 가장 중요한 사회적 변화는 올림픽과 때를 맞춘 신칸센의 개통이었다. 이로 인해 이동과 유통이 급격하게 향상되었으며 세계의 열강으로 진입할 수 있게 되었다. 또한 주거생활의 수준을 높이기 위한 신 주택과 시가지 개발사업이 진행되었는데, 센디(오사카, 1964), 고운쬬오지(나고야, 1968), 다마(동경, 1971), 쯔꾸바 연구학원 도시개발 등의 프로젝트가 하이라이트라고 할 수 있다.

제3시기는 1974년에서 1985년까지로 구분되며 '성숙의 시대'라 불린다. 제1시기와 제2시기에 이루어졌던 급진적인 대형 건축사업들이 대기오염, 공장폐기, 도시환경의 악화 등 수많은 문제점을 낳았고, 1974년 석유위기로 인한 경제의 저성장, 생활의 변화, 농업과 임업의 변화, 공업과 생산의 변화, 그리고 서비스산업과 유통의 변화로 인해 사회구조 자체가 변화하게 되어 건축도 그 모습을 바꾸어가면서 안정을 찾고 성숙해지던 시기였다.

마지막으로 제4시기는 1986년 이후를 말하며 개성이 있고, 세계화를 추구하면서도 전통을 인식하는 시대로서 일본이 융성과 거품의 상황을 동시에 겪은 시기이다. 또한 새로운 가능성에 대한 인식과 지난 시대에 대한 반성이 동시에 요구된 시기라고도 할 수 있을 것이다.

역사적으로 오랫동안 일본은 중국과 우리나라로부터 수많은 문물을 받아들여 나름대로 소화하여 발전시켰고, 메이지유신 이후로는 유럽과 미국 등지에서 수많은 문물을 수용하여 그들 자신을 만들고 닦아왔다.

일본인은 "일본이란 완결되어 있는 것이 아니라 오랜 세월에 걸쳐 만들어진 것이며, 앞으로도 계속 변화될 것이다. 그리고 세월이 지나도 변함없는 것은 바깥세계의 문명과 문화를 탐욕적으로 소화하려는 강한 의지이다."라고 그들의 문명에 대해 이야기한다.

일본의 현대건축도 이러한 사고를 바탕으로 이해하여야 할 것이다. 그들은 세계적인 흐름에 편승하면서도 독자적인 빛깔과 주의를 나름대로 표방하려고 노력하였다. 즉, 집약된 언어나 주의로서 말하기는 어렵지만, 나름대로 '국제성과 일본성'을 고루 추구하고 있다고 할 수 있겠다. 한 나라의 고유한 성격은 그 국가만이 지닌 정치, 경제, 과학 기술의 능력뿐만 아니라 눈에 보이지 않는 역사와 풍토, 그리고 문화로 만들어지는 것이다.

일본은 섬나라라는 지역적 특수성과 그 한계를 나름대로 소화하여, 그 특수성을 건축의 일반성에 접목시켜서 하나의 형태로 서술하고 있다. 따라서 우리는 일본에 대한 다양하고 폭넓은 주변상황을 염두에 두고 그들의 현대건축을 이해해야 한다.

일원적이 아닌 다원적인 성격과 기술적인 리얼리티를 지니고 있고, 내용과 형식을 부합시키고자 하며 한없이 자연에 접근하고자 하는 모습, 그리고 너무 작위적으로도 보일 수 있는 자연의 이용 등은 현대 일본의 건축을 읽는 키워드이다.

지금의 세계는 급속도로 변화하고 있다. 우리를 둘러싸고 있는 환경의 변화는 물론 우리들의 가치관도 변하고 있다. 인간의 무분별한 개발은 환경파괴와 환경오염을 가져왔다. 컴퓨터의 과잉도입과 매스미디어에 대한 맹신은 우리의 소중한 것들을 상실하게 만들었다. 자연과 살아 있는 것에 대한 애정, 사람 사이의 대화, 풍요로운 삶은 외면되고 바쁜 삶 속에서 점점 생각하는 힘조차 사라지고 있다.

지금의 세계는 국가간 문화적 배경의 알력이 남아 있으나 동일한 경제권으로 묶이면서 높은 경제적 효율성을 추구한다. 즉, 오늘날 모든 나라와 한국, 일본을 비롯한 아시아 국가는 경제 중심의 정책을 너무도 중요시 여겨 물질문명만을 앞세우고 있다. 이러한 세계화가 계속 된다면 민족과 민족이 계승해온 문화, 전통, 그리고 그 바탕을 이루는 지역성과 정신적 풍토는 상실되어버릴 것이다.

서로 다른 민족, 종교, 문화를 지닌 사람들이 그러한 차이를 존중하고 인정하면서 교류하는 국제화는 권장할 만하다. 하지만 획일화된 채 변화를 거부하는 세계화는 인정할 수 없다. 그러나 안타깝게도 세계는 점점 후자 쪽에 가까워지고 있다. 이렇게 획일화된 세계화 속에서 문화적 토양을 이루는 민족 고유의 언어와, 일체성을 동반하며 거의 무의식적으로 계승해온 생활습관, 그리고 민족의 힘이라고 할 수 있는 전통기술은 반드시 지켜 나가야 한다고 생각한다. 전통적인 기술, 민족의 사상과 깊은 연관을 맺고 있는 건축의 짐이 더욱더 무거워짐은 이 때문이다.

오늘의 건축가에겐 과잉정보와 빠른 전파, 경제적 논리가 낳은 세계화로 균일화된 건물을 완성해나가는 것보다 어떻게 건물에 생명을 불어 넣어주는가가 더 중요한 과제다. 건물을 만들기 전부터 만드는 동안, 만든 후의 모든 진행과정을 통해 건물은 새롭게 태어나고 생명을 지니게 되는 것이다. 건축가는 이 모든 과정의 중심에 있다.

1970년대 초반 이후 잃어버린 우주 일반의 상징물의 대안을 모색한 수많은 건축가가 그들의 '특징 없는 도시'에 대해 그 고유의 특징을 마련해줄 수 있다는 가능성을 믿었다. 즉, 도시계획에 대해 어떤 형식을 갖춘 맥락적 접근을 그다지 확신하지 않았던 이전의 규칙을 벗어나고자 하는 새로운 시도가 있었고, 그것은 도시로부터 의도적으로 벗어나고자 하는 의지를 표현했던 많은 수의 건물이 디자인되는 것으로 나타났다.

당시의 많은 건축가는 그때의 도시적 상황 하에서는 건축과 도시, 즉 사적영역과 공적영역 사이의 전통적인 조정이 매우 어렵다는 것을 느끼고 있었다. 건축가는 계속 증가되는 도시환경의 위해 요소로부터 거주자를 보호하기 위해 실내와 외부공간을 전혀 다르게 밀폐하는 방식을 자주 선택했다.

언제나 작은 주택이었던 이 건물들은 도시에 대해 무표정하거나 간단히 등을 돌려버림으로써 명백하게 반도시성 또는 적어도 무관심함을 표현하였다. 그러나 내부공간에 있어서는 관습적 지각과 습관적 연결만을 의도한 의식적 도전으로서, 어떤 새로운 인간적 실재와 자기인식을 야기하기 위한 온갖 작업을 시도했다. 즉, 공간과 인간 사이의 새로운 관계가 존재의 새로운 방식과 의미를 산출하기 위해 모색되었던 것이다.

70년대의 일본건축가들이 디자인에서 표현했던 것은 도시의 불합리한 모델이 자율적으로 통제할 수 있는 건물 속에 재창조되는 도시의 흥미로운 도취 행위이다.

1970년까지 일본건축은 구니오 마에가와, 단게 겐조, 준조 사카쿠라, 가즈오 시노하라와 이들의 다음 세대 대표인 푸미히코 마키, 구로가와 기쇼, 기요노리 기쿠다께와 아라타 이소자키 같은 굉장히 주목할 만한 건축가들의 작품으로 이미 독립을 성취하였다.

초기 발전은 박력 있게 가속된 나머지 국제적으로 특이한 실험과 성취적 환경을 만들어냈다. 오늘날 그 어떤 나라도 일본이 그랬던 것처럼 현대적 요구와 전통적 뿌리의 합일체를 달성할 수 없다.

1970년대 오사카 박람회는 일본건축의 의미심장한 사건이었다. 당시 박람회를 위하여 단게 겐조와 구로가와, 기쿠다께와 이소자키가 합작으로 다양한 건물을 설계했는데 고등 기술적 효율의 구조물을 다시 생각하게 하는 일본건축 능력의 신호탄이었다. 특히 1970년대 이후의 단게 겐조의 개별적인 작품들은 그로 하여금 일본건축의 대가로 자리매김시켰다. 이들의 뒤을 이어 한때 메타볼리스트로 언급되던 마키, 기쿠다께, 구로가와, 오다카 같은 일본건축가들도 여러 가지 상이한 방향으로 나아갔다. 뿐만 아니라 일본의 많은 건축가가 여러 분야에서 그들 자신의 건축적 결과물을 제안하고 있다. 그런 의미에서 안도의 작품은 일본의 전통양식과 우리 시대 새로운 요구사항을 고전적인 평온함 속에 완벽하게 통합시켜 양질의 수준을 이끌어내고 있다.

구로가와 기쇼의 「나가킨 캡슐타워」.(ⓒ임채진)

전통정신과 감성의 계승

안도의 건축을 보면 일본적이라는 것을 느끼게 된다. 세계인이 공감할 수 있는 보편성과 그만의 개성 및 지역성이 어우러져 작품을 탄생시키는 것이다.

이러한 전통의 계승은 전통건축의 양식을 현대적인 소재를 이용하여 표현한 형태의 모방이다. 즉, 지붕, 처마, 격자, 툇마루 형태 등의 직접적인 모방이 아닌 '정신과 감성'을 이어가는 것이다. 눈에 보이는 역사적인 형태의 모방이 아닌 과거문화의 총체에 그 기원

일본 민가—나카가 주택.
(ⓒ http://www.kippo.or.jp/culture_k/build/beauty/hist4.htm)

을 두고, 그것이 건축으로 완성되었을 때에는 승화되어 형태 이상의 것, 즉 '눈에 보이지 않는 것'이 되어야 한다는 것이다.

그 예로 안도는 스끼야[數寄室 : 다도를 행하기 위한 건물]와 민가(民家)를 들고 있다. 스끼야에서 보이는 정신

카츠라이 궁 다실.
(ⓒhttp://www.kippo.or.jp/culture_k/build/beauty/naka.htm)

은 극도로 간소화하려는 절제미이다. 공간에 의해 완성되고 자립하는 부분이 겹쳐지고 새로운 장면을 자연 속에 전개한다. 절제된 작은 공간에서 자연의 소리를 듣고 때로는 우주에까지 도달할 수 있는 것이다. 스끼야와는 달리 건축적인 골격이 일상생활을 규정하는 공간적인 전체성(全體性)으로 민가가 있다. 민가가 갖는 강인함은 단순한 골격 속에서 발견할 수 있는 생활의 간결함에 있다. 민가의 정신은 전체가 생활의 질서를 떠받치고 스끼야의 정신은 부분이 생활의 각 장면을 보다 풍요롭게 하는 데에 있다. 이렇듯 전체에서 부분까지 삶과 자연을 건축을 통해 특유의 간결함으로 결합하는 것이 안도의 전통 계승 방법이다.

설계행위는 부지, 기능, 예산 등이 먼저 정해진 후에 시작되지만 건물의 완성까지의 과정은 건축가의 생각의 깊이를 주시

해야 한다. 스케치가 도면으로 바뀌는 과정에서 여러 가지 생각을 담게 된다. 그러나 그곳에 그려지는 선, 기재되는 숫자, 기호와 기호 사이에서 오감(五感)과 관련되는 역사, 전통, 정신, 지역성을 기초로 하여 구체화된 생각과 전개는 아날로그적이다. 어쨌든 개인이 지닌 문제의식이 어떻게 녹아들어 건축적으로 형상화될 것인가는 정말 중요한 문제다. 생각의 근원이 어떤 과정으로 진행되느냐에 따라 건축의 의미가 결정되기 때문이다.

이런 건축가의 의식에 국가적·민족적 특성이 지대한 영향을 끼치는 것은 당연하다. 건축가는 각 나라의 고유문화를 건축을 통해 널리 알리고자 하는 책임을 다해야 한다. 자국의 문화를 건축을 통해 계승, 발전시키는 작업의 중심에 건축가가 있다. 이 점은 우리의 건축가도 예외일 수 없다. 문제의식을 갖고 끊임없이 생각하고 고민하는 모습, 그렇게 건축가의 의식은 건축에 투영되고 건축은 생명을 얻는 것이다.

원래 일본의 건축은 다다미라고 하는 격자로 나누어진 사각형으로 발전해왔다. 그러나 평면적 주거를 입체적으로 만들고자 콘크리트라는 소재를 사용했다. 건축은 기후와 문화, 지역성을 빼고 생각할 수 없으며 이것들은 간단히 이동할 수 없는 대전제가 존재한다. 그럼에도 불구하고 민족의 이동처럼 인터내셔널(international) 스타일의 건축이 너무 많이 만들어지고 있는 것은 아닌가. 하나의 장소에는 그 민족이 이어온 정신

세계와 마음에 새겨진
이미지에 대한 풍경이
있다. 이것은 마음으로
전해져 이어온 것으로
이를 끊어버린 채 인간
이 풍요로워질 수 있는
공간은 없다.

다다미방.(©http://WWW.dai.ne.ip)

그는 한국의 전통과 건축물과 가구에 대한 인상을 이렇게 말하고 있다. 한국의 건축에는 엄격함이 있다는 것이다. 아마도 그것은 전 세계에서 보기 드물 정도로 엄격하게 살아온 한국사람만의 문화적 특수성 때문일 것이다. 그것이 표면적으로 결집된 것이 한국의 전통가구이다.

소재의 선택, 형질의 본질, 그리고 기술적인 측면을 살펴볼 때 그것은 단순한 가구의 역할을 넘어 주거와 일체가 되면서 철저한 완성을 이룬다. 그러나 어떤 나라를 막론하고 문화라는 것은 어느 날 갑자기 없어지기도 한다. 그나마 오늘날 한국의 전통가구는 레플리카(replica, 여러 점의 정확한 사본) 등으로 재현되고 있는데 값싼 상품으로만 만들어진다면 이것은 발전이 아니라 오히려 후퇴하는 것이 된다.

문화를 계승해 나가는 것은 건축이 짊어지고 나갈 방향이며 이에 대한 우리들의 책임감 또한 막중하다.

오늘날 전 세계 각 분야에서 국제화를 강조한다. 그러다 보니 이것은 정보를 공유함으로써 나타나는 세계의 균질화라는 의미로 오해되기도 한다. 전 세계에 온통 똑같은 건물이 세워지고 있다고 생각해보라. 이제라도 문제의식을 가질 필요가 있다.

안도는 공간이 하나의 구체적인 존재가 될 수 있도록 건축에 장인 정신을 갖고 임하기를 원한다. 똑같은 공간이라도 안도는 가장 정성스럽게 공을 들여서 표현하려고 생각하고, 일본뿐만 아니라 동양의 감성을 돋보이게 하는 섬세함을 담아 강렬한 독창성으로 표현한다.

일본의 전통적인 건축은 미묘한 색채감으로 시선을 붙잡고, 자연 상태의 나무나 종이, 흙 등의 부서지기 쉬운 재료를 빈틈없이 다루기도 하며, 연속적인 장면을 예술적으로 배열해놓음으로써 멋스러운 깊이를 느끼게 한다. 즉, 일본의 전통건축은 각각의 부재가 만나는 접합부와 시각적인 장면이 조화를 이루며 통합되어 있는 모습, 그리고 내부공간과 외부공간 사이의 흐름이 만들어내는 전이감에서 세련된 우아함을 찾아볼 수 있다. 그렇게 만들어진 공간은 실크의 감촉과도 같은 섬세함을 느끼게 한다.

그런데 일본의 전통건축이 보여주는 이러한 특징이 견고한 느낌의 현대건축에 그대로 적용될 수 있을까? 강력한 구축성을 갖는 공간을 약화시키지 않으면서도 그 미묘한 특징을 담아낼 수 있는 것일까? 전체를 대담하게 다루는 것과 디테일을 섬세하게 다루는 것은 결국 상반되는 부분일까? 역으로 전체를 주의 깊게 다루면서 디테일을 대담하게 다루는 것은 어떠할까? 이와 같은 문제가 바로 안도가 가장 기초적인 수준의 건축 실무를 수행하면서 매번 만나게 되는 모순된 요구들이다. 더구나 그런 모순된 요구는 안도 스스로가 피하려 하지 않고, 오히려 실제적인 건축 작업을 하면서 그의 의식을 뚜렷하게 지배한 것이었다. 안도는 이러한 모순된 요구를 구체화하여 일본적인 감수성을 전통박물관 따위의 족쇄로부터 자유롭게 해주고, 그것을 새롭게 빚어낼 수 있도록 하였다. 건축에 반영된 이러한 모순을 통해서, 우리는 서로 이질적으로 느껴지는 동서양의 분위기를 함께 호흡하고, 새로운 장소가 제공하는 잠재적인 성격을 현실화해볼 수 있는 것이다.

명제에 대한 안도 다다오의 생각[1]

설계라는 것은 나와 건축주, 그리고 스태프진과의 싸움이라 생각하며, 어떻게 하면 그들을 압도할 수 있는 논리적인 힘을 가질 수 있을까가 풀어야 할 과제이다. 그 압도하는 힘이라는 것은 경제나 기술이 아니고, 또 건축의 형이상학적인 의미도 아니다. 그것에 투영되는 인간의 이미지, 그것이 묘사하고자 하는 생활은 가장 강한 영향력을 끼친다고 어렴풋이나마 생각한다.

음악을 잘 듣지 않는다. 굳이 정정하자면 바람의 소리를 들

---

[1] 『안도 다다오 그의 건축 이야기』에서 안도 다다오의 어록 부분을 순서 없이 담은 내용이다.

는다. 예전에는 모던 재즈 같은 걸 잘 들었지만 요즘은 차 속에서조차 듣지 않는다. 소리가 없는 편이 좋다. 시각에 집중시키고 있다고 할 수 있다.

인간이라는 원점으로 되돌아가서 생각해본 건축에 대한 질문은 「록고 집합주택」에 의해 하나의 개방적인 유형을 얻었다. 폐쇄시킴으로써 개개의 공간을 확보하고, 동시에 개방하여 제각각을 결합해서 전체화한다. 단순히 부분의 결합이 아니고, 또 외부에서 부분을 규정하는 것도 아니다. 개개에 기반을 두고, 개체와 전체와의 관계를 확인하면서 내부로부터 전개해간다.

건축의 형태로써 원이나 정사각형의 순수한 기하학적 형태를 선택한다. 이는 기하학적 형태를 단순한 형태의 조작이 아닌 공간구축과 장소 구현의 본질로 보고 있기 때문이다.

기하학적 형태를 벽들과 중첩, 결합 그리고 삭제함으로써 기하학의 힘에 의해 지어진 건축의 상징성이 어떻게 주위를 변화시키고, 어떻게 존재의지를 표명하는가를 추구하는 것이다.

자신에게 거짓말을 하면서까지 살아가기는 싫다. 그렇게 된다면 나는 이제 일을 그만두고 아침부터 저녁때까지 자는 편이 낫다고 생각한다. 검은 이불을 덮고 검은 옷을 입고 스케치북을 가지고 남의 눈에 띄지 않게 살고 싶다.

건축이라는 것은 아무래도 객관적으로 설명되지 않는 부분이 많아 설계를 할 때, 어떤 의미에서 이 말로 표현되지 않는 부분을 어떻게 공간화할 것인가 하는 데에, 설계자의 존재 이유가 있다고 생각한다. 경제성이나 기능, 쾌적성과 같은 것은 어느 정도 계량화할 수 있지만, 그것을 어떻게 보다 효과적인 것으로 할 것인가 하는 점에 설계의 묘미가 있다.

　도면이라고 하는 것은 설계자의 언어이다. 나는 생활하는 데서도 쓸데없는 말은 하지 않고 과묵한 편이 좋다고 생각한다. 도면에서의 언어도 그와 같이 꼭 완성시켜보려고 생각하지만, 좀처럼 생각만큼 되지 않는다. 또 도면 한장한장이 모두 그림이 되어야 한다는 생각인데, 그렇게 되지는 않는다. 그 정도는 건축가의 강한 직업의식일 텐데…….

　나는 일상적인 공간에 비일상적인 공간을 투입하는 한편, 건축의 골격을 명확히 함으로써 주거나 상업공간에 확실한 방향성을 갖는 건축을 해나가려고 생각한다.

　둘러싸인 벽은 단순한 방어벽만이 아니고, 도시에서 살아가야 된다는 강한 의지를 나타내는 공격의 벽인 동시에 내부에 전개되는 사적인 생활의 장을 얻기 위한 벽이다.
　벽에는 이른바 공격적인 벽과 방어적인 벽이 있다. 바꿔서 말하면 폭력과 거절의 표상이라고 하겠다. 지금까지 설계한

85

일련의 도시주택에서 벽은 확실히 공격적인 모습을 하고 침묵 속에서도 폭력적인 존재였다. 그래서 사회적인 의미를 묻는 의지의 표현이기도 했다.

「파브리카 베네통예술학교」.
(ⓒ C3A-TADAO ANDO)

하나의 기둥이 풍경 속에 삽입될 때 기둥은 풍경을 이미 도막내기 시작한다. 자연 속에 자립하는 하나의 벽도 역시 마찬가지로 풍경과 대립하여 풍경을 도막내고 잘라서 떼어내고 폭력적으로 모습을 바꾸게 하며, 한편으로는 풍경과 서로 조화를 이루어 벽에 떨어지는 나무의 그림자는 이미 건축으로의 징조를 내포하기 시작한다. 또한 기둥과 벽, 그리고 건축의 요소 하나하나가 고립되지 않고 상호 관계를 이루게 될 때 풍경은 점차 고차원의 건물로 그 걸음을 시작한다.

벽은 거의 논리와 집터라는 논리의 집합점이며, 최소의, 또 가장 기본적인 도시 구조의 규정자이다.

나는 몸과 접촉되는 곳에는 자연 소재를 사용해왔다. 바닥

이나 문짝, 가구에는 자연
목을 쓰고 있다.

물리적인 협소함을 뛰어
넘어 복잡한 공간구성으로
생기는 건축과 생활과의
깊은 관계, 자연과의 관계,
소재와의 접촉을 통해 삶
에 대한 본질을 따지고, 살
아 있다는 것을 인간의 몸
으로 실감할 수 있게 하는
그런 건축을 만들고 싶다.

「파브리카 베네통예술학교 도서관」.
(ⓒ C3A-TADAO ANDO)

자연 소재는 시간이 경과함에 따라 변형되고 때가 묻어서
거기에 기억을 새겨 넣을 수 있다. 항상 사람과 자연은 소재와
규격을 일체로 하여 생각해야 한다고 생각된다.

건축을 하기 시작했을 때부터 현재에 이르기까지 소재에
대한 심사숙고는 다분히 내면적 성찰과 관계가 있다는 생각이
든다. 소재주의라고 하기보다는 재료의 성질을 잘 알고 나서
건축을 해야 한다고 생각하는데, 이 생각은 앞으로도 그렇게
간단히 변하지는 않을 것 같다.

(안도가 생각하는 풍요로움이란 무엇인가? 제2차세계대전 후 40년이 지난 시점에 있는 우리는 점점 풍요로운 삶을 살고 있다고 느끼지만, 그 풍요로움을 뒷받침해온 기술이나 경제란 도대체 무엇인가라는 질문을 던져본다. 한 예로써 건축을 보게 되면, 도시 속의 맨션 안에 살고 있는 사람은 냉난방이 완비되어 있으므로 1년 내내 같은 온도, 같은 기후 속에서 생활하게 된다. 이것으로는 인간 본래의 생명력을 상실하게 된다. 이것을 보건대 완벽하게 컨트롤된 상태가 과연 인간답고 풍요로운 것인가 하는 의문을 갖게 된다. 그 점은 오늘의 우리가 다시 한번 생각해보아야 할 문제이다. 또한 오늘날 밝기와 편리함으로 건축의 모든 것이 평가되고 있는데 인간의 생활공간이라는 것은 어둡고 지저분한 곳도 함께 있어야 그것이 오히려 본래의 모습이 아닌가라는 생각도 해본다.)

(건축은 추상적인가, 구상적인가라는 질문에 안도는 이렇게 대답한다.)

나에게 있어서 건축이란 다름 아닌 구상성과 추상성을 동시에 포함하여 성립하는 것이다.

(안도의 건축은 엄격한 기하학에 의해 구축된, 극도로 추상적인 존재에서 인간의 육체와 같은 구상성을 띤 공간으로 바뀌어간다. 그는 건축의 추상성과 구상성을 동시에 표현하려고

한다. 지형조건으로서의 비탈은 입체적인 여백, 3차원의 공백으로 행하는 합계이며 그 자체가 배경이며 작품에 녹아 있는 포괄적인 요소이다.)

길과 주택과 친밀함을 회복하기 위해서는 통로를 폐쇄한 복도 건축은 피해야 한다. 건물 속을 둘러보면서 각 가정의 생활하는 정취를 느낄 수 있는, 그런 공적인 일과 사적인 일의 상호 침투에 의해 통로는 활성화된다.

잘라낸 공간은 빛과 그늘을 만들고, 사람이 모이는 광장은 이른바 실루엣이 되어 자연의 의미를 묻고, 명확한 공간 구성 요소로서의 인식을 촉구한다. 이것은 땅에 관계된 입체 조형으로서 시각기능의 완성을 촉구한다.

「기도사키 주택」.
(ⓒ C3A-TADAO ANDO)

건축에 대한 접근은 다양하다. 그러나 어찌 되었든 건축이 도시의 구성요소로서 커다란 영향력을 갖는 이상, 도시에 대한 책임을 건축가는 확실하게 다하여만 한다.

나의 건축은 인간과 생활의 기능을 단절시키는 추상적인 것이 아니다. 인간의 생활을 단절한 채 건축이 성립되기는 어려우며, 공간이 아무리 극적이더라도 생활과 유리되어 있으면 의미를 잃게 된다. 그렇다고 건축을 일상성에 매몰시키려고 하는 것은 아니다. 건축은 하나의 창조적인 행위로서 생활공간을 상징적인 존재로 높이는 것이라고 생각한다.

건축을 하겠다고 마음먹게 된 계기는 '건축'이라는 구체적인 형태로서가 아닌, 건축이라는 형태를 가지고 의지를 전달하고 싶다는 생각에서 그 시작이 되었던 것 같다.

어쨌든 일은 가능성이 적을 때 도전하는 것이 재미있다. 그리고 무엇이든 그렇겠지만, 계속 해나가다 보면 점차 안정감을 찾는다. 물론 그렇게 되면 어느 순간 재미는 사라져버린다. 어떤 일을 할 때 계속해서 재미있기란 정말 어렵다.

지금 하고 있는 일을 끝낸 후에 다음 일이 전혀 없다고 해도 좋다. 나는 다음에 대해 이렇다 저렇다 말하지 않으니까. 현재 눈앞에 있는 모든 일에 나의 모든 것을 걸기 때문이다.

그러므로 과거에도 그다지 신경쓰지 않는다.

논리적인 부분과 논리로 설명할 수 없는 부분의 양면을 어떻게 균형을 맞춰 만들어갈 수 있는가 하는 점이 설계를 하면서 내가 매우 중요하게 생각하는 부분이다.

민가라는 것은 자연 속에서 자연과 더불어 일체가 되어 만들어진 것이지, 인간이 의도적으로 만든 것은 아니다. 거기에서는 생활에 필요한 소박함 이 외에 자의적인 장식은 없다고 생각된다. 이러한 것을 바탕으로 현재의 생활과 호응할 수 있는 것, 다시 말해 공간의 본질적인 요소만을 골라, 내 자신이 의도하는 건축으로 만들어가고 싶다.

나의 건축에서 어떤 특징점을 발견한다면 재료가 한정되고 재료가 가진 특유의 텍스처(Texture, 질감)를 본래 그대로 표현한다는 것과, 또 공간 구성면에서 반드시 기능에 따라 명확하게 공간 구분이 되어 있지 않다는 점일 것이다.

나는 표층적인 쾌적함만을 추구하지 않고, 경제의 급성장에 따라 미련 없이 버려온 것─자연과의 본질적인 관계, 소재와의 직접적인 대화, 생활공간 속에서 사는 사람들을 촉발하여 얻는 조그만 발견이나 놀라움, 간소한 생활 속에서 얻는 연구하는 즐거움이나 미의식의 고양 등─을 하나하나 뽑아내어 바로잡고, 인간의 주거에서 당연히 있어야 하는, 없어져서 안 되는 것만을 추구하고 싶다.

건축의 목적이 인간의 정신적·육체적인 발전을 이루는 생활공간을 추구하는 것이라고 한다면, 나는 사람의 냄새와 사람의 흔적이 느껴지는 건축을 하고 싶다. 그러기 위해 자기의 삶을 의존하는 곳으로서의 존재감이 있는 것을 만들어내야만 한다.

건축이 사회성을 획득하는 데는 건축가가 지역사회 운동에 참가하는 것만으로 되는 것이 아니며, 건축의 일반적인 해답을 제시하는 것도 아니다. 왜냐하면 건축이란 일회성을 띤 것이 아니고 건축이라는 구체적 형태를 통해서만 사회와 관계를 맺어 대접을 받기 때문이다. 그러므로 하나하나 쐐기를 박듯이 거리에 자신의 주체성이 뒷받침된 것을 만들어가는 외에 다른 방법이 없다.

건축을 하는 데 있어서, 건축에 관련된 사람들의 정신을 촉발시키고 어느덧 체질화된 기억에 남을 부분을 만든다는 것은, 원리에 맞게 만드는 것보다 때로는 정말 중요한 것이 아닐까. 모든 것이 철저하게 관리되고 있는 현대사회에서 그런 부분을 굳이 만들려고 할 때는, 만드는 쪽도 만들게 하는 쪽도 서로의 요구를 억압해서는 안 된다고 생각한다.

대지 안에서 건물이 여백을 지배하려고 하지만, 동시에 건물은 여백으로부터 지배를 받게 된다. 건물이 자립해서 개성을 갖기 위해서는 건물뿐만 아니라 그 여백이 자신의 논리를 가져야만 한다.

　직업으로 왜 건축가를 택했느냐고 누가 묻는다면 나도 잘 알 수 없지만, 결국 좋아했기 때문이라고 대답하지 않을까 싶다. 지금도 구상을 정리하거나 스케치하는 것이 즐겁다. 도면을 그리기 시작하면 밥 먹는 것까지 잊어버리게 된다. 마음속으로 좋아하기 때문일 것이다.

참고문헌

New World Architect-Tadao Ando, C3 디자인그룹, 2001.2.

『P138-189』, PLUS, 1995.7.

Tadao Ando / Awajiyumebutai, 新建築社.

이정수, 『쉽게 찾아가는 안도 다다오의 건축』, 세진사, 2000.1.

안도 다다오, 황준 옮김, 『안도 다다오 그의 건축 이야기』, 미건사, 1993.10.

안도 다다오 건축의 누드작가

| 펴낸날 | 초판 1쇄 2004년 9월 30일 |
| | 초판 6쇄 2013년 7월 31일 |

지은이	임채진
펴낸이	심만수
펴낸곳	(주)살림출판사
출판등록	1989년 11월 1일 제9-210호

주소	경기도 파주시 문발동 522-1
전화	031-955-1350 팩스 031-624-1356
기획·편집	031-955-4662
홈페이지	http://www.sallimbooks.com
이메일	book@sallimbooks.com

| ISBN | 978-89-522-0295-6 04080 |

054 재즈

최규용(재즈평론가)

즉흥연주의 대명사, 재즈의 종류와 그 변천사를 한눈에 알 수 있도록 소개한 책. 재즈만이 가지고 있는 매력과 음악을 소개한다. 특히 초기부터 현재까지 재즈의 사조에 따라 변화한 즉흥연주를 중심으로 풍부한 비유를 동원하여 서술했기 때문에 재즈의 역사와 다양한 사조의 특징을 쉽게 이해할 수 있다.

255 비틀스

고영탁(대중음악평론가)

음악 하나로 세상을 정복한 불세출의 록 밴드. 20세기에 가장 큰 충격과 영향을 준 스타 중의 스타! 비틀스는 사람들에게 꿈을 주었고, 많은 젊은이들의 인생을 바꾸었다. 그래서인지 해체한 지 40년이 넘은 지금도 그들은 지구촌 음악팬들의 많은 사랑을 받고 있다. 비틀스의 성장과 발전 모습은 어떠했나? 또 그러한 변동과정은 비틀스 자신들에게 어떤 의미였나?

422 롤링 스톤즈

김기범(영상 및 정보 기술원)

전설의 록 밴드 '롤링 스톤즈'. 그들의 몸짓 하나하나는 우리가 생각하는 것보다 훨씬 더 탁월한 수준의 음악적 깊이, 전통과 핵심에 충실하려고 애쓴 몸부림의 흔적들이 존재한다. 저자는 '롤링 스톤즈'가 50년 동안 추구해 온 '진짜'의 실체에 다가가기 위해 애쓴다. 결성 50주년을 맞은 지금도 구르기(rolling)를 계속하게 하는 힘. 이 책은 그 '힘'에 관한 이야기다.

127 안토니 가우디 아름다움을 건축한 수도사

손세관(중앙대 건축공학과 교수)

스페인의 세계적인 건축가 가우디의 삶과 건축세계를 소개하는 책. 어느 양식에도 속할 수 없는 독특한 건축세계를 구축하고 자연과 너무나 닮아 있는 건축가 가우디. 이 책은 우리에게 건축물의 설계가 아닌, 아름다움 자체를 건축한 한 명의 수도자를 만나게 해준다.

131 안도 다다오 건축의 누드작가　eBook

임재진(홍익대 건축공학과 교수)

일본이 낳은 불세출의 건축가 안도 다다오! 프로복서와 고졸학력,
독학으로 최고의 건축가 반열에 오른 그의 삶과 건축, 건축철학에
대해 다뤘다. 미를 창조하는 시인, 인간을 감동시키는 휴머니즘,
동양사상과 서양사상의 가치를 조화롭게 빚어낼 줄 아는 건축가
등 그를 따라다니는 수식어의 연원을 밝혀 본다.

207 한옥　eBook

박명덕(동양공전 건축학과 교수)

한옥의 효율성과 과학성을 면밀히 연구하고 있는 책. 한옥은 주위
의 경관요소를 거스르지 않는 곳에 짓되 그곳에서 나오는 재료를 사
용하여 그곳의 지세에 맞도록 지었다. 저자는 한옥에서 대들보나
서까래를 쓸 때에도 인공을 가하지 않는 재료를 사용하여 언뜻 보
기에는 완결미가 부족한 듯하지만 실제는 그 이상의 치밀함이 들
어 있다고 말한다.

114 그리스 미술 이야기　eBook

노성두(이화여대 책임연구원)

서양 미술의 기원을 추적하다 보면 반드시 도달하게 되는 출발점
인 그리스의 미술. 이 책은 바로 우리 시대의 탁월한 이야기꾼인
미술사학자 노성두가 그리스 미술에 얽힌 다양한 이야기를 재미
있게 풀어놓은 이야기보따리다. 미술의 사회적 배경과 이론적
뿌리를 더듬어 감상과 해석의 실마리에 접근하는 또 다른 시각을
제공하는 책.

382 이슬람 예술　eBook

전완경(부산외대 아랍어과 교수)

이슬람 예술은 중국을 제외하고 가장 긴 역사를 지닌 전 세계에
가장 널리 분포된 예술이 세계적인 예술이다. 이 책은 이슬람 예
술을 장르별, 시대별로 다룬 입문서로 이슬람 문명의 기반이 된 페
르시아·지중해·인도·중국 등의 문명과 이슬람교가 융합하여
미술, 건축, 음악이라는 분야에서 어떻게 표현되었는지 설명한다.

417 20세기의 위대한 지휘자　eBook

김문경(변리사)

뜨거운 삶과 음악을 동시에 끌어안았던 위대한 지휘자들 중 스무 명을 엄선해 그들의 음악관과 스타일, 성장과정을 재조명한 책. 전문 음악칼럼니스트인 저자의 추천음반이 함께 수록되어 있어 클래식 길잡이로서의 역할도 톡톡히 한다. 특히 각 지휘자들의 감각 있고 개성 있는 해석 스타일을 묘사한 부분은 이 책의 백미다.

164 영화음악 불멸의 사운드트랙 이야기　eBook

박신영(프리랜서 작가)

영화음악 감상에 필요한 기초 지식, 불멸의 영화음악, 자신만의 세계를 인정받는 영화음악인들에 대한 이야기를 담았다. 〈시네마천국〉〈사운드 오브 뮤직〉 같은 고전은 물론, 〈아멜리에〉〈봄날은 간다〉〈카우보이 비밥〉 등 숨겨진 보석 같은 영화음악도 소개한다. 조성우, 엔니오 모리꼬네, 대니 앨프먼 등 거장들의 음악세계도 엿볼 수 있다.

440 발레　eBook

김도윤(프리랜서 통번역가)

〈로미오와 줄리엣〉과 〈잠자는 숲속의 미녀〉는 발레 무대에 흔히 오르는 작품 중 하나다. 그런데 왜 '발레'라는 장르만 생소하게 느껴지는 것일까? 저자는 그 배경에 '고급예술'이라는 오해, 난해한 공연 장르라는 선입견이 존재한다고 지적한다. 저자는 일단 발레라는 예술 장르가 주는 감동의 깊이를 경험하기 위해 문 밖을 나서길 원한다.

194 미야자키 하야오　eBook

김윤아(건국대 강사)

미야자키 하야오의 최근 대표작을 통해 일본의 신화와 그 이면을 소개한 책. 〈원령공주〉〈센과 치히로의 행방불명〉〈하울의 움직이는 성〉이 사랑받은 이유는 이 작품들이 가장 보편적이면서도 가장 일본적인 신화이기 때문이다. 신화의 세계를 미야자키 하야오의 작품과 다양한 측면으로 연결시키면서 그의 작품세계의 특성을 밝힌다.

eBook 표시가 되어있는 도서는 전자책으로 구매가 가능합니다.

㈜살림출판사
www.sallimbooks.com
주소 경기도 파주시 문발동 522-1 | 전화 031-955-1350 | 팩스 031-955-1355